思い出のうたで 高齢者イキイキ体操 32曲

オールカラー

DVD&CD 2枚付き

NPO法人いきいき・のびのび健康づくり協会®
尾陰 由美子 監修

西東社

思い出のうたで高齢者イキイキ体操 もくじ

- DVD　使い方と特長 …………………………… 4
- CD　使い方と特長 ……………………………… 7
- 本書の使い方 …………………………………… 8

体操をはじめる前に①	イキイキ体操って何？ … 10	体操をはじめる前に③	正しい立ち方 …………… 14
体操をはじめる前に②	正しい座り方 …………… 12	体操をはじめる前に④	正しい声の出し方 ……… 16

① 子ども・遊びのうた ………………… 18〜43

- ● 体をほぐす体操①　　かごめ かごめ　（約1分）…………… 20
- ● 体をほぐす体操②　　あぶくたった　（約2分）…………… 22
- ● 体の芯をつくる体操①　山寺の和尚さん　（約1分）………… 26
- ● 体の芯をつくる体操②　靴が鳴る　（約1分半）……………… 30
- ● 体の芯をつくる体操③　ひらいた ひらいた　（約1分）…… 32
- ● 体の芯をつくる体操④　しゃぼん玉　（約1分）……………… 34
- ● 体をスムーズに動かす体操①　仲よし小道　（約1分半）…… 36
- ● 体をスムーズに動かす体操②　ずいずいずっころばし　（約1分）… 40

② 故郷のうた ………………………………… 44〜71

- ● 体をほぐす体操①　　埴生の宿　（約2分半）………………… 46
- ● 体をほぐす体操②　　砂山　（約2分）………………………… 50
- ● 体をほぐす体操③　　故郷　（約2分）………………………… 54
- ● 体の芯をつくる体操①　故郷の廃家　（約2分半）…………… 58
- ● 体の芯をつくる体操②　あんたがたどこさ　（約1分）……… 62
- ● 体をスムーズに動かす体操①　故郷の空　（約1分）………… 64
- ● 体をスムーズに動かす体操②　ふじの山　（約1分半）……… 66
- ● 体をスムーズに動かす体操③　村祭　（約1分半）…………… 68

③ 人生・家族のうた　　　　　　　　　　72〜105

- 体をほぐす体操①　　　かあさんの歌　（約2分）……… 74
- 体をほぐす体操②　　　上を向いて歩こう　（約2分半）… 78
- 体の芯をつくる体操①　大きな古時計　（約2分）……… 82
- 体の芯をつくる体操②　冬の夜　（約2分）……………… 86
- 体の芯をつくる体操③　雨降りお月　（約2分）………… 90
- 体をスムーズに動かす体操①　手のひらを太陽に　（約2分）…… 94
- 体をスムーズに動かす体操②　幸せなら手をたたこう　（約2分）…… 98
- 体をスムーズに動かす体操③　三百六十五歩のマーチ　（約2分）… 102

④ 自然のうた　　　　　　　　　　　　106〜127

- 体をほぐす体操①　　　赤とんぼ　（約1分半）………… 108
- 体をほぐす体操②　　　浜辺の歌　（約2分）…………… 110
- 体の芯をつくる体操①　浜千鳥　（約1分半）…………… 112
- 体の芯をつくる体操②　朧月夜　（約1分半）…………… 114
- 体の芯をつくる体操③　早春賦　（約2分半）…………… 116
- 体をスムーズに動かす体操①　七つの子　（約1分半）……… 120
- 体をスムーズに動かす体操②　星の界　（約2分）………… 122
- 体をスムーズに動かす体操③　牧場の朝　（約2分半）……… 124

DVD 使い方と特長

DVDプレーヤーやパソコンがあればすぐにご覧になれます。またそれぞれの章には、3曲ずつで構成されたおすすめ選曲プログラムも設定していますので、1曲が終了するごとにリモコンを操作する必要はありません。

使い方 1　メインメニュー画面から「解説あり」か「解説なし」を選択

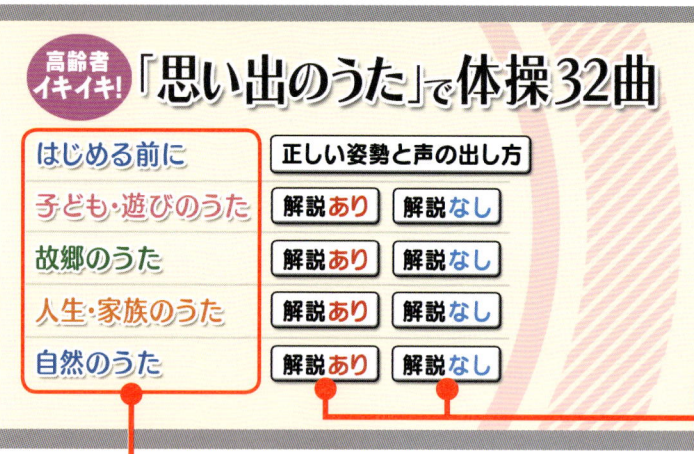

まずは体操をしたいテーマを選び、「うた」の中で流れる先生の「解説あり」か「解説なし」かを選びます。ボタンを押すと次のメニュー画面に進みます。

この中から見たいテーマを選びます。

このボタンで解説の有無を選びます。

使い方 2　体操のうたを選択

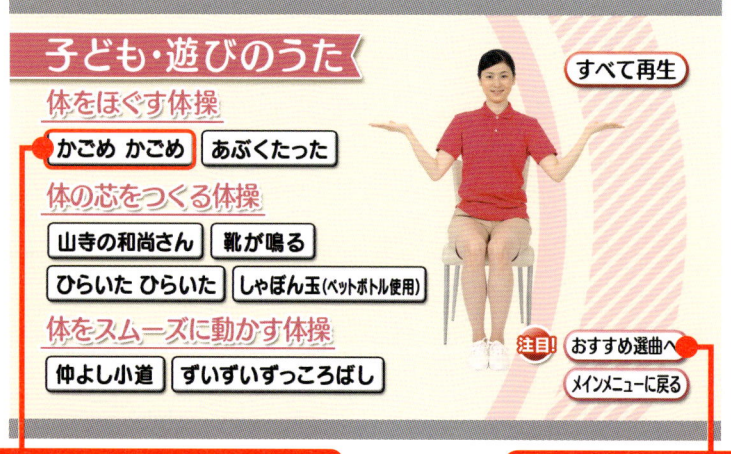

体操をしたい「うた」を選んでクリックすれば終了です。また、3曲ずつで構成された「おすすめ選曲」や章内の曲をすべて再生することも可能です。

体操をしたい「うた」を選択します。

おすすめ選曲はここをクリックします。

使い方3　おすすめ選曲は全部で4パターン

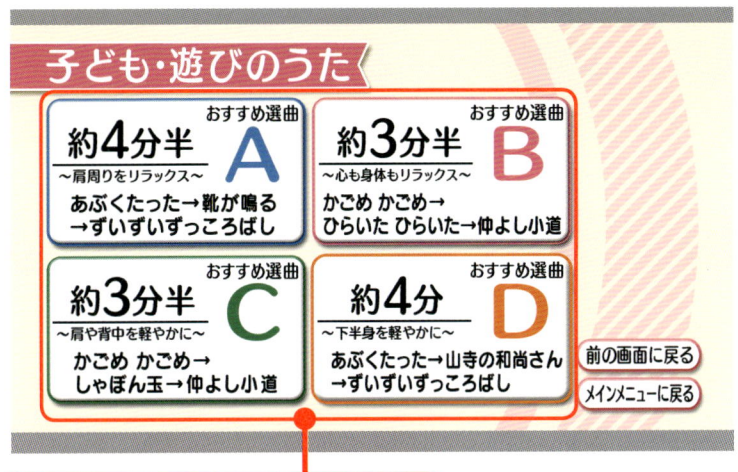

選択したプログラムが再生されます。

「おすすめ選曲」を選択すると次の画面に進みます。ここで4パターンの中から好きなプログラムを選びます。3曲が連続していますので操作の手間も省けます。

■ 本書付属DVDをご使用になる前に

使用上のご注意
- DVDビデオは、映像と音声を高密度に記録したディスクです。DVDビデオ対応のプレーヤーで再生してください。詳しくは、ご使用になるプレーヤーの取扱説明書をご参照ください。
- 本ディスクにはコピーガード信号が入っていますので、コピーすることはできません。

再生上のご注意
- 各再生機能については、ご使用になるプレーヤーおよびモニターの取扱説明書を必ずご参照ください。
- 一部プレーヤーで作動不良を起こす可能性があります。その際は、メーカーにお問い合わせください。

取扱上のご注意
- ディスクは両面とも、指紋、汚れ、傷等をつけないように取り扱ってください。
- ディスクが汚れたときは、メガネふきのような柔らかい布を軽く水で湿らせ、内周から外周に向かって放射線状に軽くふき取ってください。レコード用クリーナーや溶剤等は使用しないでください。
- ディスクは両面とも、鉛筆、ボールペン、油性ペン等で文字や絵を書いたり、シール等を貼らないでください。
- ひび割れや変形、または接着剤等で補修されたディスクは危険ですから絶対に使用しないでください。また、静電気防止剤やスプレー等の使用は、ひび割れの原因となることがあります。

鑑賞上のご注意
- 暗い部屋で画面を長時間見つづけることは、健康上の理由から避けてください。また、小さなお子様の視聴は、保護者の方の目の届く所でお願いします。

保管上のご注意
- 使用後は必ずプレーヤーから取り出し、DVD専用ケースに収めて、直射日光が当たる場所や高温多湿の場所を避けて保管してください。
- ディスクの上に重いものを置いたり落としたりすると、ひび割れたりする原因になります。

お断り
- 本DVDは、一般家庭での私的視聴に限って販売するものです。本DVDおよびパッケージに関するすべての権利は著作権者に留保され、無断で上記目的以外の使用（レンタル＜有償、無償問わず＞、上映・放映、複製、変更、改作等）、その他の商行為（業者間の流通、中古販売等）をすることは、法律により禁じられています。

特長1　すべての体操が座ったままでOK！

足に不安のある方でも楽しく体を動かしてもらえるように、掲載されているすべての体操は座った姿勢でもおこなえる振り付けになっています。

特長2　先生の解説がついているので高齢者でもカンタン！

すべての「うた」は先生の「解説あり」と「解説なし」のどちらかを選択できます。「あり」の場合は、それぞれの振りがはじまる前に動き方やポイントを教えてくれますので、高齢者の方でもカンタンに体操をすることができます。

特長3　歌詞が表示されているので歌いながら体操できる！

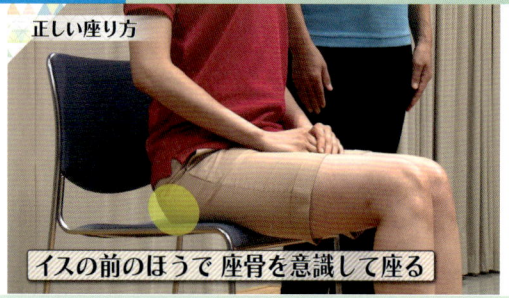

画面上の右側にカラオケのように歌詞が表示されていますので、歌いながら体操ができます。また背景の写真は歌詞に合わせて切り替わるので併せてお楽しみください。

特長4　正しい座り方・立ち方・声の出し方も収録！

DVDの冒頭には、「正しい座り方・立ち方・声の出し方」が収録されています。背中を丸めて下を向いて歌うよりも、背すじを伸ばして顔を上げて歌えば、心も体も元気になります。

CD 使い方と特長

本書の付録CDは、楽曲を収録した「オーディオCD部」と歌詞カードを収めた「CD-ROM部」に分かれたエンハンストCDです。「オーディオCD部」はCDプレーヤー等で再生できますが、「CD-ROM部」はパソコンのみ操作できます。

全32曲の童謡・唱歌を収録！

「オーディオCD部」には、介護や福祉の現場でおこなう体操の際に、歌いながら体を動かしたり、BGMとして流して使える曲が32曲収録されています。
※ただし、「三百六十五歩のマーチ」は、日本クラウン株式会社の専属楽曲のため、CDでは伴奏のみとなっています。

現場で使える歌詞カード付き！

「CD-ROM部」に収録されている歌詞カードは、プリントして参加者に配布できます。歌詞を見ながら歌うことができるので、ご利用ください。

CD-ROM部の使い方

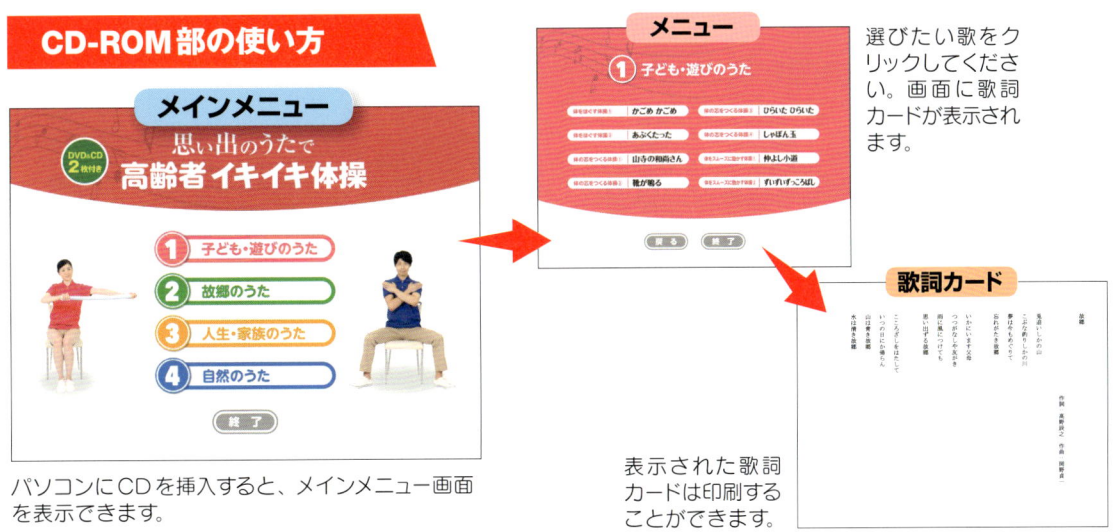

パソコンにCDを挿入すると、メインメニュー画面を表示できます。

選びたい歌をクリックしてください。画面に歌詞カードが表示されます。

表示された歌詞カードは印刷することができます。

■CDのOS別の使い方

▶Windows Vista／7／8の場合

①CDをドライブにセットすると、「自動再生ウィンドウ」が表示されます。
②「オーディオCDのオプション」の、「オーディオCDの再生」をクリックすると、再生ソフトが起動してオーディオCD部が再生されます。
③「拡張コンテンツの実行」の「思い出のうたでイキイキ体操.exeの実行」をクリックすると、「CD-ROM部」のメインメニュー画面が表示されます。
(注)「自動再生ウィンドウ」が表示されないとき
(1)「コンピュータ」⇒「CD／DVDドライブ：思い出のうたでイキイキ体操」のアイコンを右クリックします。
(2)「自動再生を開く」を選択しクリックすると、上記①の「自動再生ウィンドウ」が表示されます。

▶Windows XPの場合

①CDをドライブにセットすると、自動的に「CD-ROM部」のメインメニューが表示されます。
②オーディオ部の再生は、「マイコンピュータ」⇒「CD／DVDドライブ：思い出のうたでイキイキ体操」をクリック⇒「再生」をクリックすると、再生ソフトが起動してオーディオCD部を再生できます。

▶Macintoshの場合

①CDをドライブにセットすると、「オーディオCD」と「思い出のうたでイキイキ体操」のアイコンが表示されます。
②音楽再生ソフトで、オーディオCD部が再生されます。
③「思い出のうたでイキイキ体操」のアイコンをクリック⇒その中の「思い出のうたでイキイキ体操」をダブルクリック⇒「CD-ROM部」のメインメニューが表示されます。

[CD-ROM部動作確認済みのOS]　**Windows** XP/Vista/7/8　**Macintosh** OS10.4/10.5/10.6/10.7

本書の使い方

本書はすべての曲が2ページ構成か4ページ構成になっています。歌詞の長い曲の多くは4ページ構成で、最終ページには体操と歌詞をひと目で確認できる「体操の流れ」を掲載していますので、DVDとあわせてチェックしてください。

使い方1　2ページ構成曲の見方

時間や運動量をチェック
各曲の時間や運動量の目安はここでご確認いただけます。運動量が多いほど★印が多くなります。

チャプターをチェック
掲載曲のDVDチャプターやCDの番号を記載しています。

体操の効果をチェック
それぞれの体操には機能改善を促すさまざまな効果があります。

指導する方はこんな声かけを！
体操の振りに対するアドバイスを「声かけ」という形で掲載しています。

使い方2　4ページ構成曲の見方

歌詞の色に注目

歌詞に塗られた色は体操の色とリンクしており、どの動きをおこなえばよいかがひと目で確認できます。

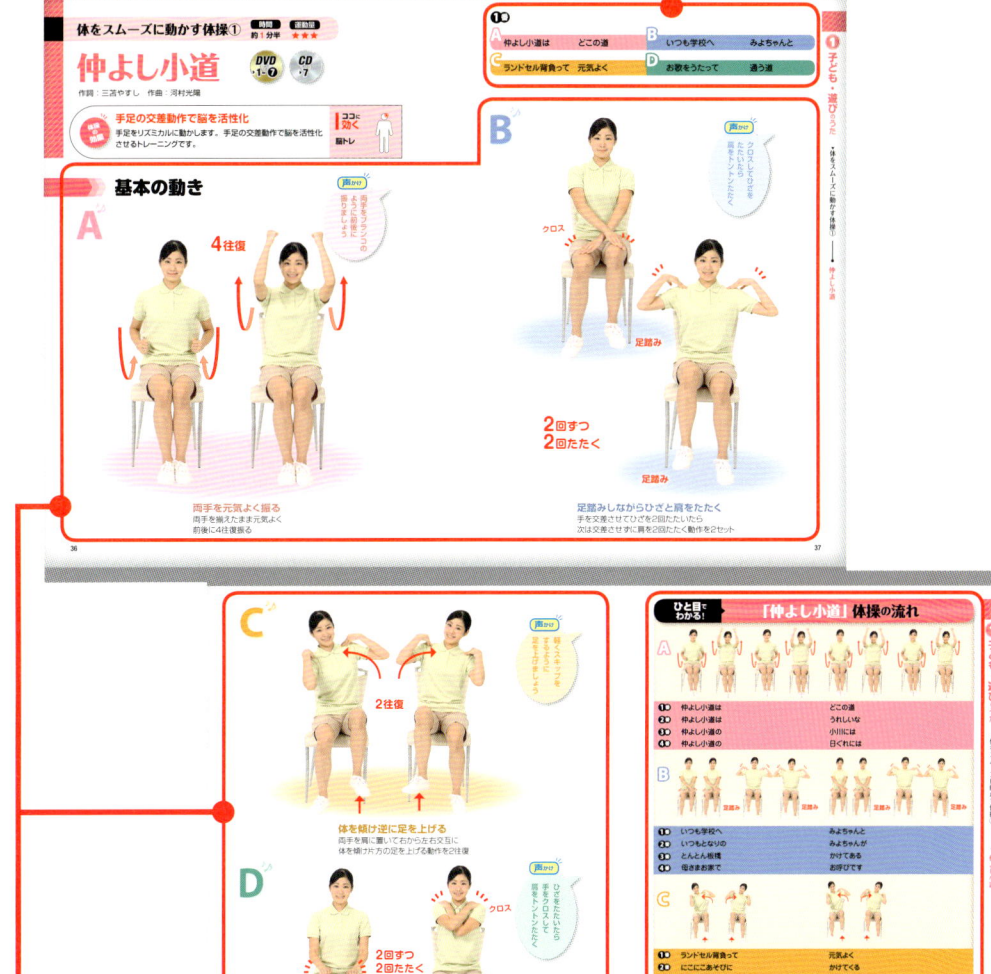

体操の振りを分けて掲載

4ページ構成の場合は4つある振りを2つずつに分けて掲載しています。一連の動きは最後の「体操の流れ」で確認できます。

体操の流れをひと目でチェック

長い曲はここで「体操の流れ」をひと目で確認できます。歌詞に塗られた色も体操とリンクしています。

9

▶ 体操をはじめる前に①

イキイキ体操って何？
音楽に合わせて体操すれば心も体も元気になる！

本書で紹介しているイキイキ体操は音楽に合わせて体操をするという高齢者向けのレクリエーションですが、正しくおこなうことで肩こりや腰痛、猫背などが解消される効果もあります。

■ イキイキ体操は3種類

イキイキ体操には、「体をほぐす」、「体の芯をつくる」、「体をスムーズに動かす」の3種類があります。各章の体操はこの3種類によって構成されており、これらをバランスよくおこなうことで体が楽になっていきます。

◎3種類の体操をするだけで体が楽になります！

❶ 体をほぐす体操

体を動かすことが少なくなると筋肉は硬くなり、衰えていき、体を動かすことがますます億劫になります。そこで、ここでは硬くなった筋肉をほぐし、強張った体をリラックスさせる体操を中心におこないます。

硬くなった筋肉をほぐして体を柔らかくします

❷ 体の芯をつくる体操

体の芯とは「体幹」を指します。体幹とは腕や脚を除いた胴体部分であり、姿勢維持や転倒予防などにとても重要な役割を果たしています。背すじを伸ばして体の芯をつくる体操をおこなえば、その体幹が自然と鍛えられます。

体の中心に一本の芯を通すような意識で体操をしましょう

❸ 体をスムーズに動かす体操

体をスムーズに動かすためには、正しい姿勢のまま腕や足を動かす必要があります。そこで、ここでは背すじを伸ばしたまま腕や足を同時に動かすような体操を中心におこないます。

体の芯を意識したまま腕や足を動かしましょう

●「体幹」ってどこ？

腕や脚を除いた胴体部分

腕や脚とは違い、お腹や背中の筋肉は普段の生活ではあまり意識されず、さらに高齢になると動かすことも少なくなります。しかし、この胴体部分には骨盤や背骨といった大切な骨があるので、その骨を支える体幹の筋肉を鍛える（使う）ことが機能改善にはとても大切です。

体幹

▼ 体操をはじめる前に① イキイキ体操って何？

▶ 体操をはじめる前に②

正しい座り方
正しく座るだけで自然とお腹と背中が鍛えられる！

正しく座るとは、骨盤の上に背骨と頭がまっすぐ乗るような姿勢をいいます。この姿勢をキープするだけでお腹や背中の筋肉はしっかり使われているのです。最初は3分続けるだけでもつらいかもしれませんが、少しずつ慣らしていきましょう。

坐骨を座面に押し当てるように座る

肩幅程度に足を開きますが、内ももに力を入れてひざが大きく開かないように注意しましょう。内ももを鍛えることはO脚改善や転倒予防にも効果的です。

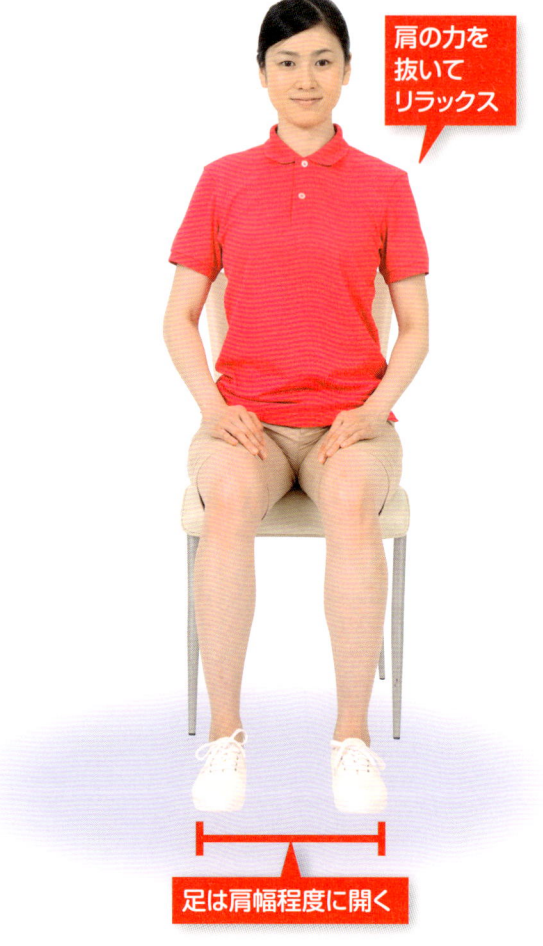

肩の力を抜いてリラックス

足は肩幅程度に開く

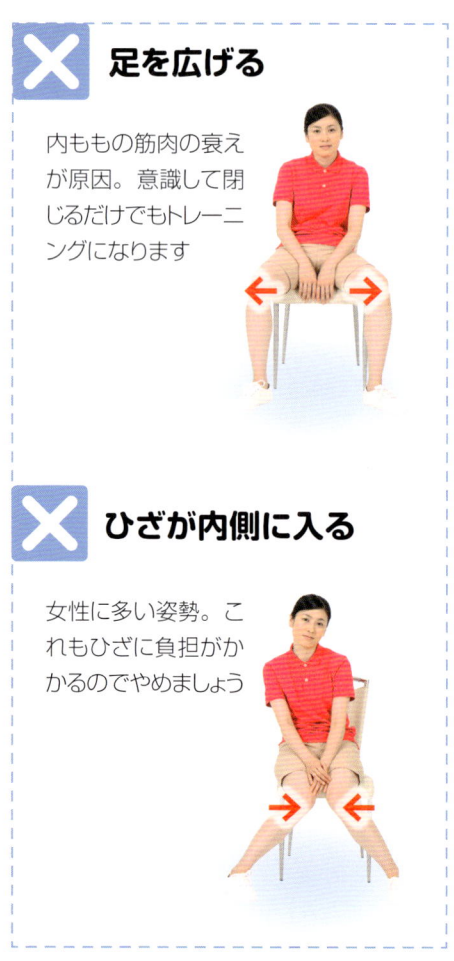

✕ 足を広げる
内ももの筋肉の衰えが原因。意識して閉じるだけでもトレーニングになります

✕ ひざが内側に入る
女性に多い姿勢。これもひざに負担がかかるのでやめましょう

 **横**

前の方に座り背すじを伸ばす

骨盤をまっすぐ立たせて、その上に背骨と頭が乗るような姿勢で座ります。自然とお腹や背中の筋肉が使われるので筋力トレーニングになります。

体操をはじめる前に② 正しい座り方

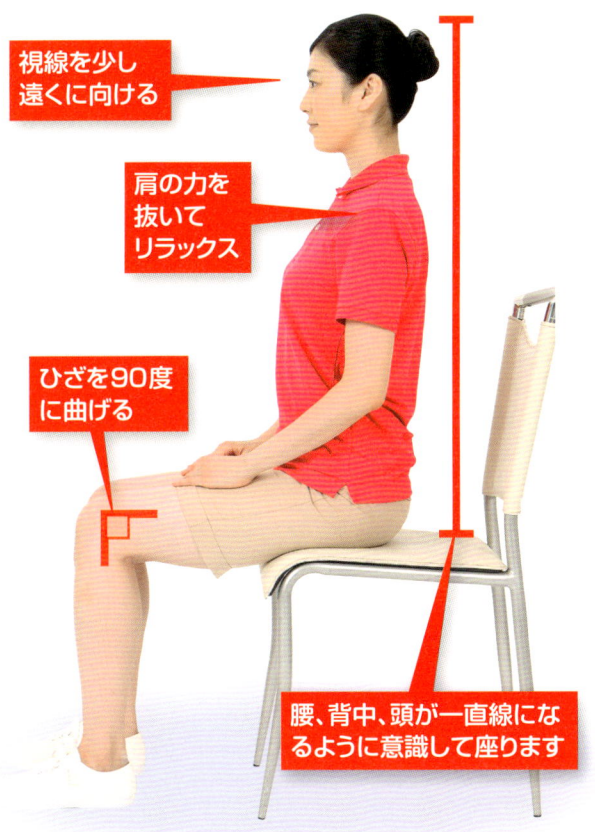

- 視線を少し遠くに向ける
- 肩の力を抜いてリラックス
- ひざを90度に曲げる
- 腰、背中、頭が一直線になるように意識して座ります

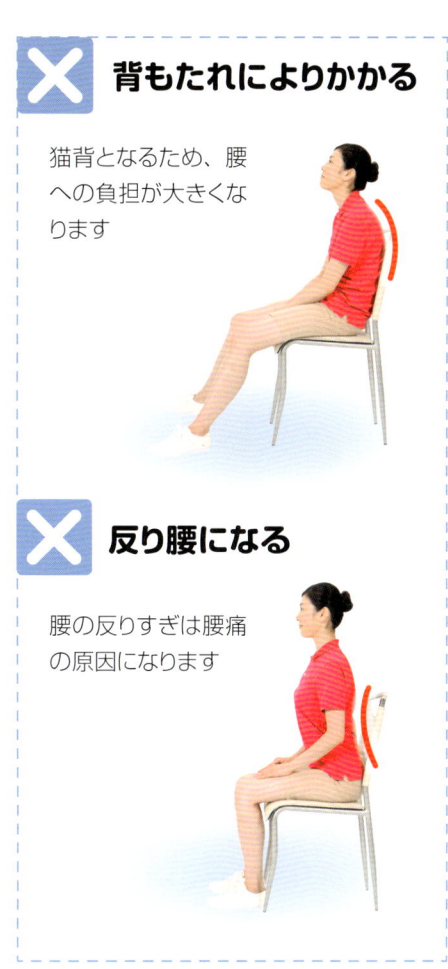

✕ 背もたれによりかかる

猫背となるため、腰への負担が大きくなります

✕ 反り腰になる

腰の反りすぎは腰痛の原因になります

●「坐骨」ってどこ?

お尻の下にあるゴリゴリした骨

① お尻の下に手を入れて座る

② 手のひらに骨が当たることを確認。その骨が坐骨です

③ お尻のお肉を左右に広げるように手を抜き、坐骨で座る

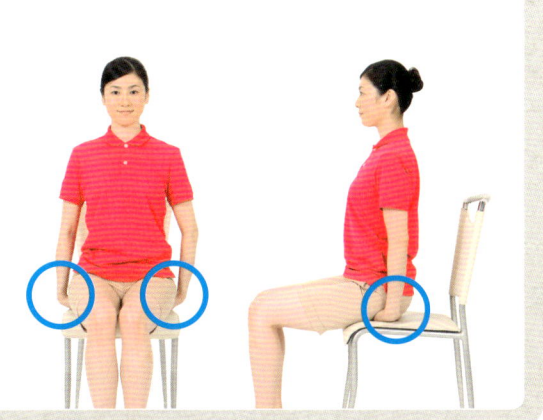

▶ 体操をはじめる前に③

正しい立ち方
正しく立つと、肩こり・腰痛がラクになる！

肩こりや腰痛の原因の多くは骨盤や背骨の歪みにあります。立っているときや歩いているときに、意識的にこのきれいな姿勢を保つことで、その歪みが矯正されて体の諸症状も緩和していくことでしょう。

正面 — 骨盤と背骨、頭を一直線にして立つ

きれいな姿勢を習慣づけるには、洗面所や外を歩いているときに鏡やガラスに映った自分の姿勢をチェックしてみるのも効果的です。

- アゴを少し引く
- 肩の力を抜いてリラックス
- つま先はかるく外へ向ける

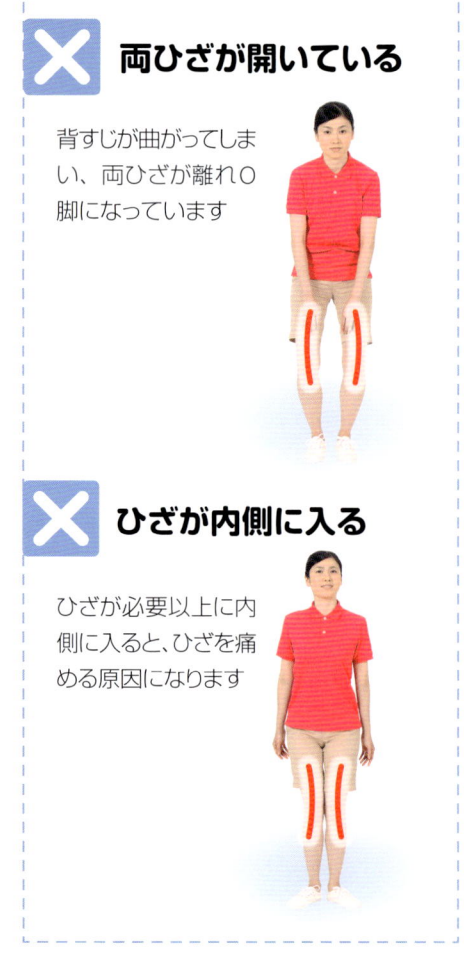

✗ 両ひざが開いている
背すじが曲がってしまい、両ひざが離れO脚になっています

✗ ひざが内側に入る
ひざが必要以上に内側に入ると、ひざを痛める原因になります

横

お尻を少しだけ出してお腹を凹ませる

ぽっこりお腹や反り腰にならないように注意してお腹と背中にバランス良く力を入れます。骨盤から背骨、頭までが一直線になるようなイメージで立ってみましょう。

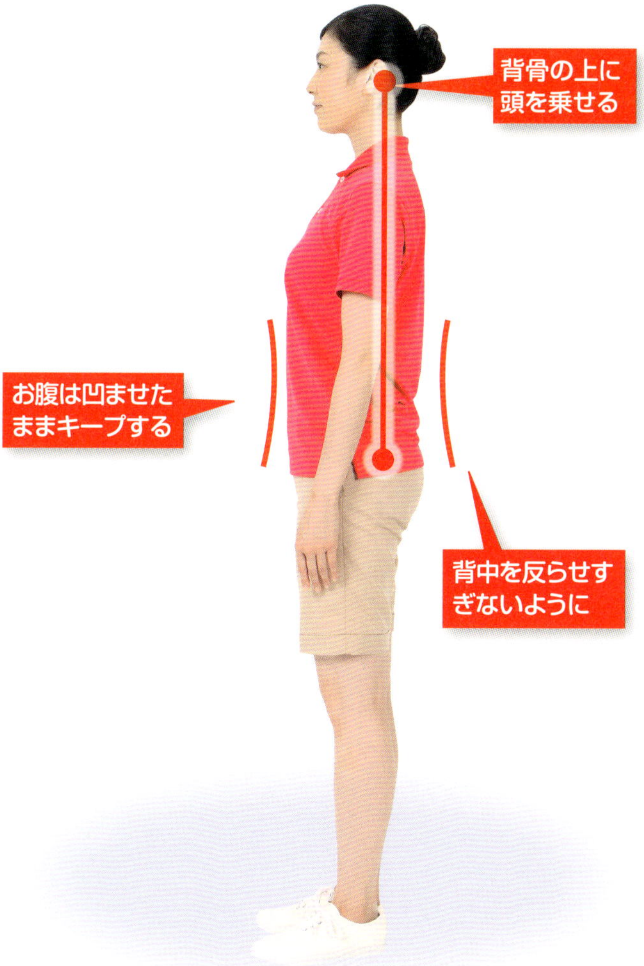

体操をはじめる前に③　正しい立ち方

- 背骨の上に頭を乗せる
- お腹は凹ませたままキープする
- 背中を反らせすぎないように

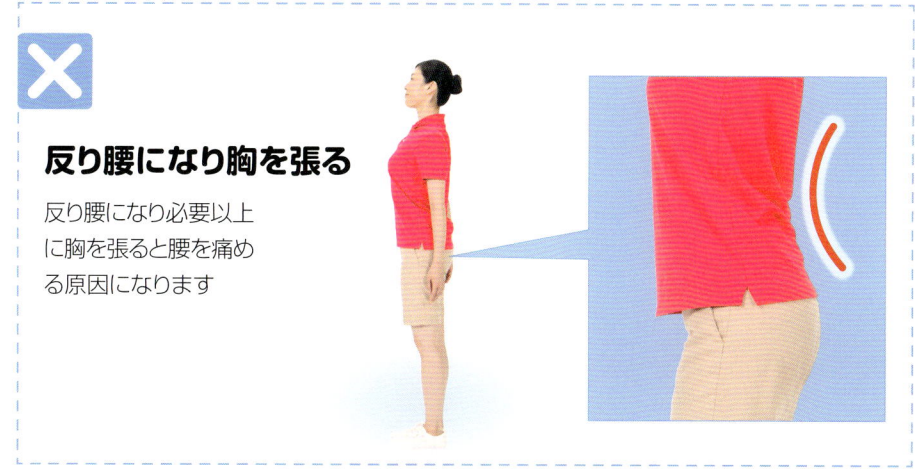

❌ あごが上がった姿勢

気を抜くと、このような背中が丸くなった姿勢になりがちなので注意しましょう

❌ 反り腰になり胸を張る

反り腰になり必要以上に胸を張ると腰を痛める原因になります

▶体操をはじめる前に④

正しい声の出し方

お腹から声を出せば気持ちも明るくなる！

大きな声を出すと、体内に酸素をたくさん取り込めるので代謝がよくなったり、お腹が鍛えられたりと体によいことがたくさんありますが、一番のメリットは「気持ちが明るくなる」ことです。

正面　イスに座りお腹から大きな声を出す

肩や腕はリラックスさせますが、お腹には力を入れてお腹の下から声を出せるようになりましょう。また大きな声を出そうと力みすぎて、あごが上がらないように注意しましょう。

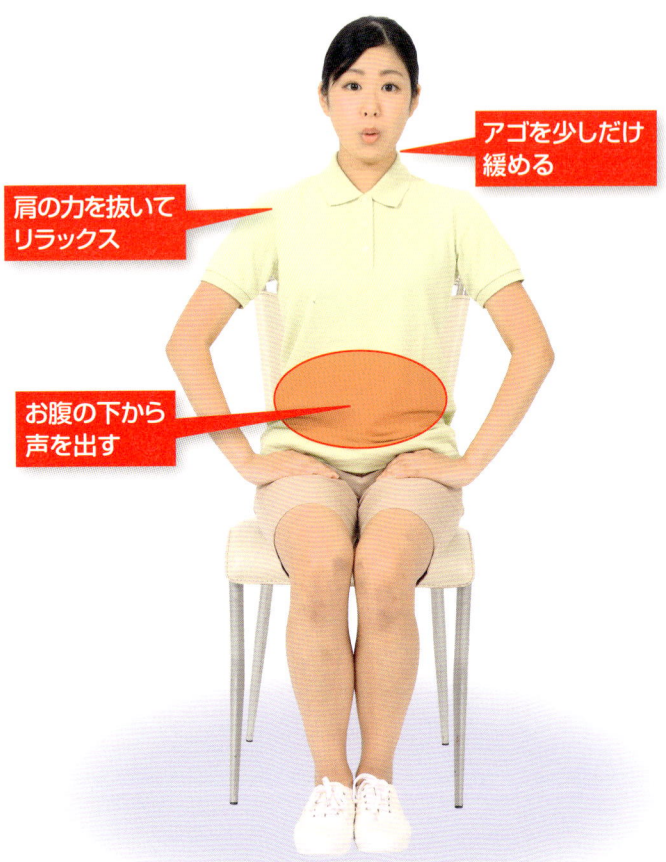

- アゴを少しだけ緩める
- 肩の力を抜いてリラックス
- お腹の下から声を出す

✕ あごが上がりお腹が脱力している

あごが上がり、お腹に力が入っていないので声が出しにくくなります

横 背すじを伸ばして頭上に向けて声を出す

背もたれによりかかると楽ですが、声を出すには不向きです。骨盤を立たせて背すじを伸ばし、頭の上から声を出すイメージで発声しましょう。

▼ 体操をはじめる前に④ 正しい声の出し方

- 目線は柔らかくすこし遠くへ
- アゴを突き出さないように
- 声を頭上や頭の後ろに出すイメージ

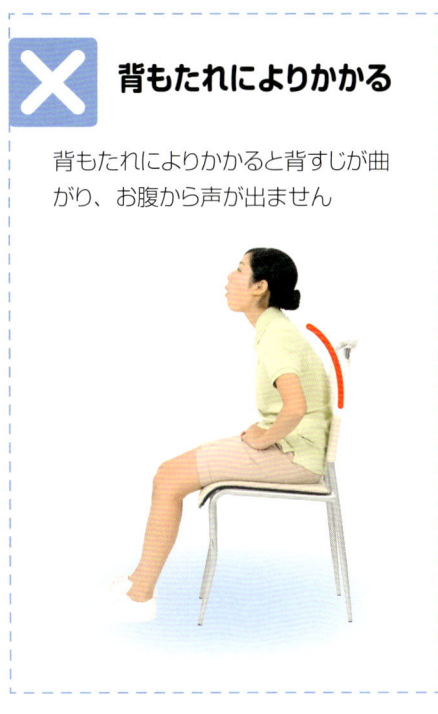

✖ **背もたれによりかかる**

背もたれによりかかると背すじが曲がり、お腹から声が出ません

● 発声前のお口の体操

舌先でほほの内側に円を描こう‼

❶ 舌先をほほの内側に当てる
❷ その舌先で円を描く（連続10回程度）
❸ 逆のほほも同じようにおこなう

舌先を動かしてほほの筋肉を柔軟にすることで発声しやすくなります

17

① 子ども・遊びのうた

▶▶▶ 収録曲

体をほぐす体操①

1 かごめ かごめ
（約1分）

体をほぐす体操②

2 あぶくたった
（約2分）

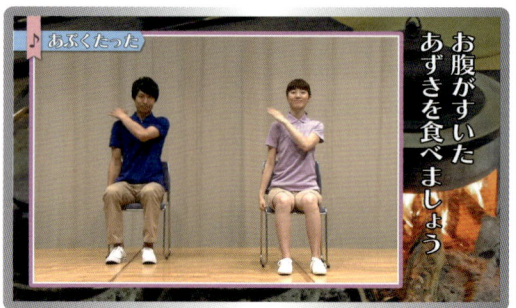

体の芯をつくる体操③

5 ひらいた ひらいた
（約1分）

体の芯をつくる体操④

6 しゃぼん玉（※ペットボトル使用）
（約1分）

■DVDおすすめ選曲
下記のプログラムはDVDチャプターで選択できます。

A　約4分半
〜下半身をリラックス〜
❶ あぶくたった　❷ 靴が鳴る
❸ ずいずいずっころばし

B　約3分半
〜心も身体もリラックス〜
❶ かごめ かごめ　❷ ひらいた ひらいた
❸ 仲よし小道

C　約3分半
〜肩や背中を軽やかに〜
❶ かごめ かごめ　❷ しゃぼん玉
❸ 仲よし小道

D　約4分
〜下半身を軽やかに〜
❶ あぶくたった　❷ 山寺の和尚さん
❸ ずいずいずっころばし

体の芯をつくる体操①
3　山寺の和尚さん
（約1分）

体の芯をつくる体操②
4　靴が鳴る
（約1分半）

体をスムーズに動かす体操①
7　仲よし小道
（約1分半）

体をスムーズに動かす体操②
8　ずいずいずっころばし
（約1分）

体操は次のページからはじまります ▶

体をほぐす体操①

時間 約1分　運動量 ★★☆

かごめ かごめ

わらべ歌

体操の効果

腰を中心にしっかりほぐします

腰を伸ばしたり、曲げたり、ひねったりといろんな方向に動かします。力強くメリハリをつけて動かしましょう。

ココに効く
腰のストレッチ
肩、腕のリラックス

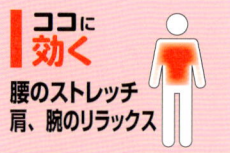

基本の動き

A
声かけ：大きなかごを抱きかかえるようなイメージです

×2回

B
声かけ：耳をすませて聞いているイメージです

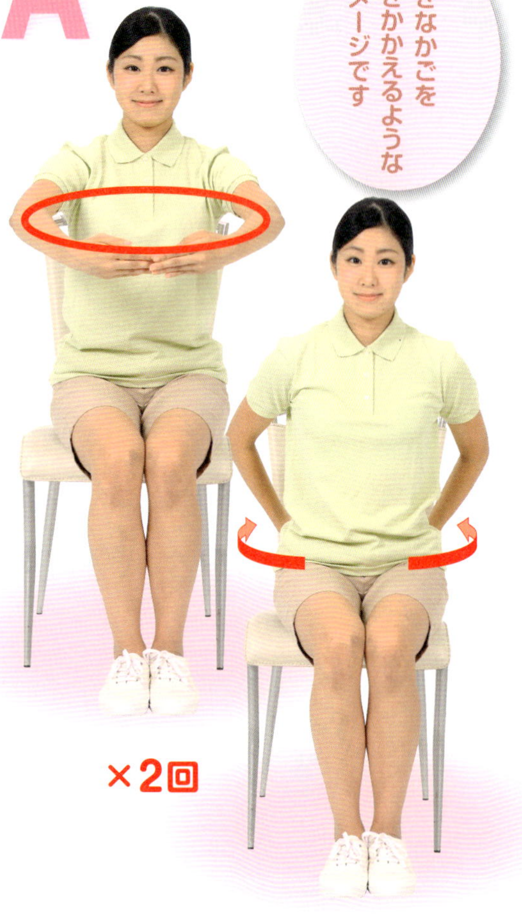

両手で体の前後に円をつくる
お腹側と背中側に交互に両手を使って大きな円を2回ずつつくる

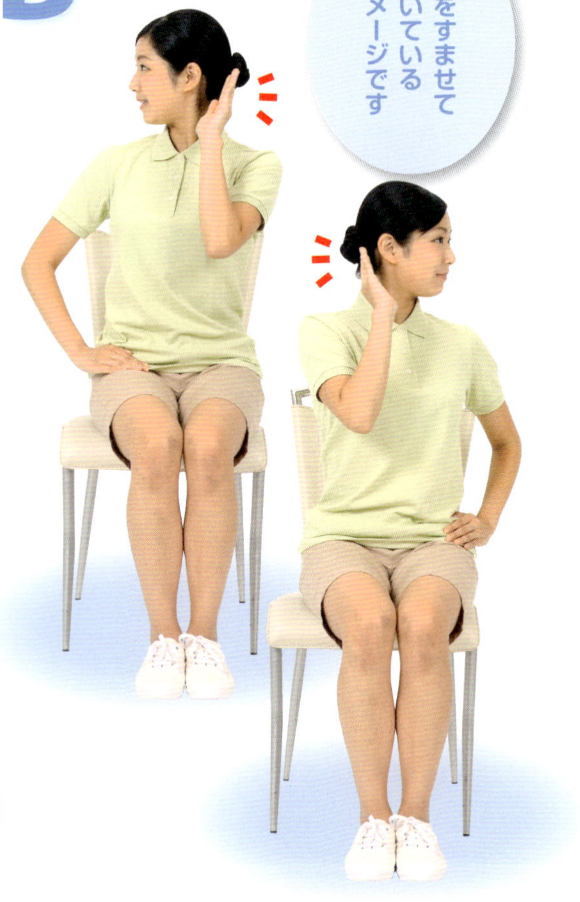

体を前傾させて耳に手を当てる
耳をすませて音を聞くように体を前に倒して左右1回ずつ耳に手を当てる

| A | かごめかごめ　　　　かごの中のとりは | B | いついつ出やる |
| C | 夜あけのばんに　　　　つるとかめがすべった | D | うしろのしょうめんだーれ |

※繰り返し

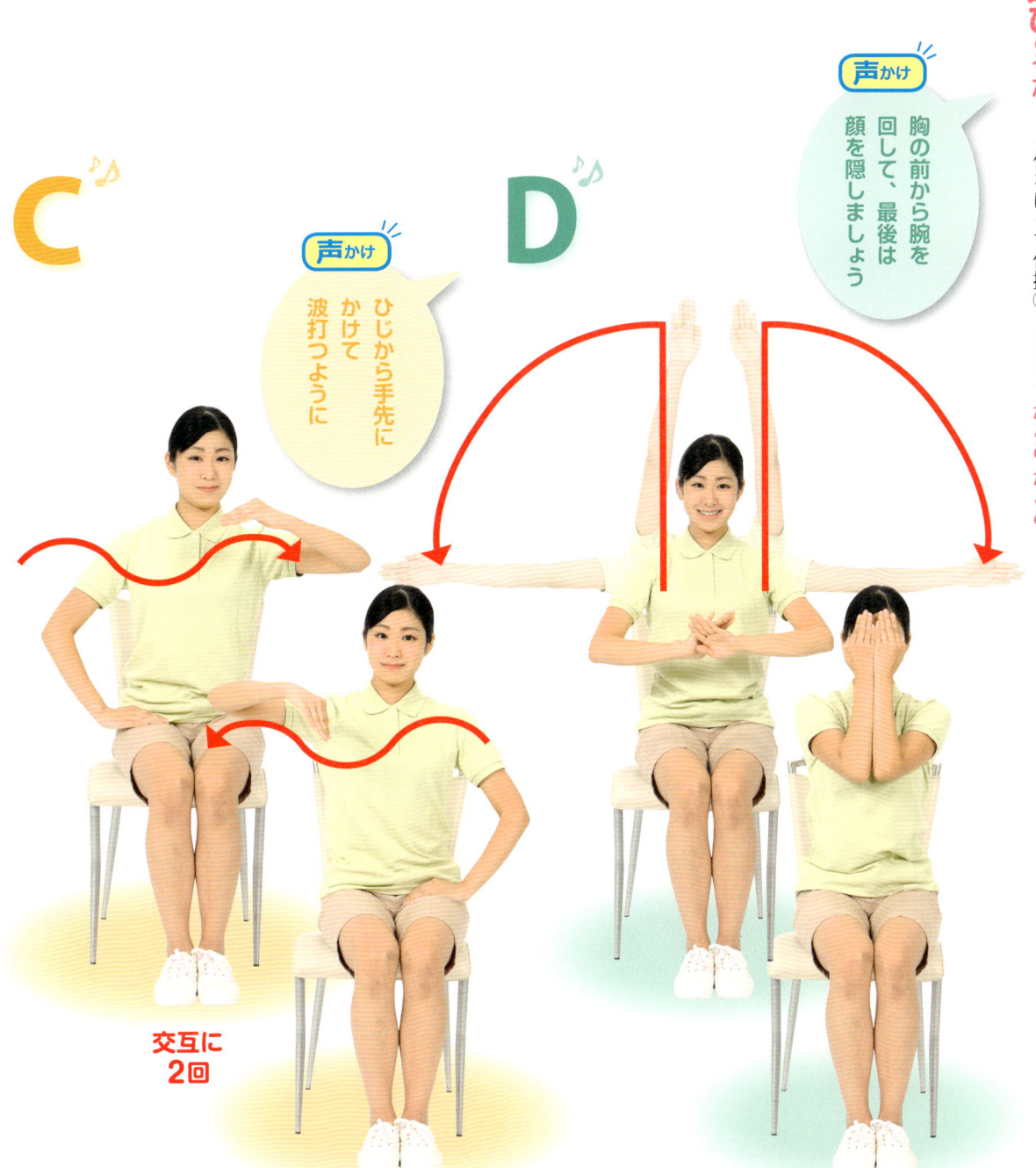

①　子ども・遊びのうた

▼体をほぐす体操① ── かごめ かごめ

C ♪♬

声かけ：ひじから手先にかけて波打つように

D ♪♬

声かけ：胸の前から腕を回して、最後は顔を隠しましょう

交互に2回

片手を波のように動かす
波のように手を柔らかく
左手から左右1回ずつ動かす

両手を大きく回して顔を隠す
体の前から大きく両手を回して
最後は手で顔を隠す

体をほぐす体操②

時間 約2分　運動量 ★★☆

あぶくたった

わらべ歌

体操の効果

上半身がスッキリかるくなります
手や首、口を使ってさまざまな動きをしてみましょう。首や肩がほぐれて、上半身をスッキリかるくしてくれます。

ココに効く　上半身のリラックス

基本の動き

A 声かけ「手をブラブラブラ」

ひじを上げて手首をブラブラ動かす
ひじを肩の高さ近くまで上げて手首をブラブラと動かす

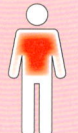

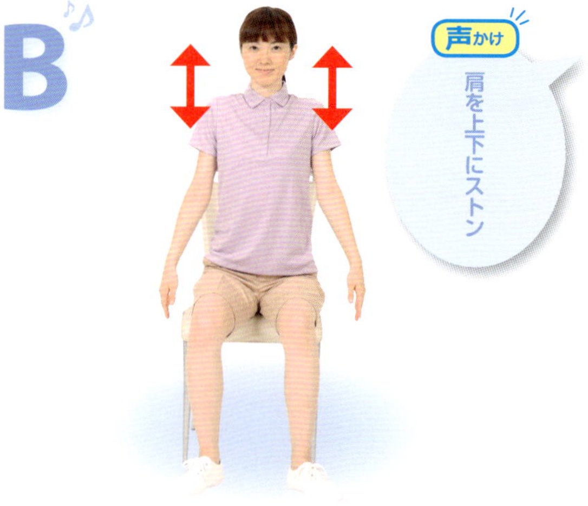

B 声かけ「肩を上下にストン」

肩を4回上下させる
肩を上げてからストンと落とす動作を4回繰り返す

E 声かけ「体をなでます」

交互に2回ずつ

肩から斜めになで下ろす
右肩から左右交互に2回ずつ手を斜めになで下ろす

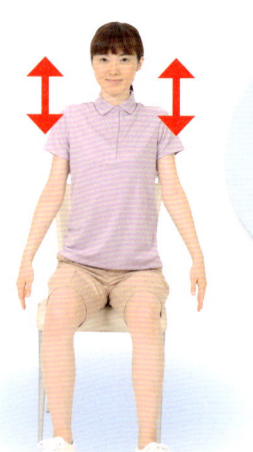

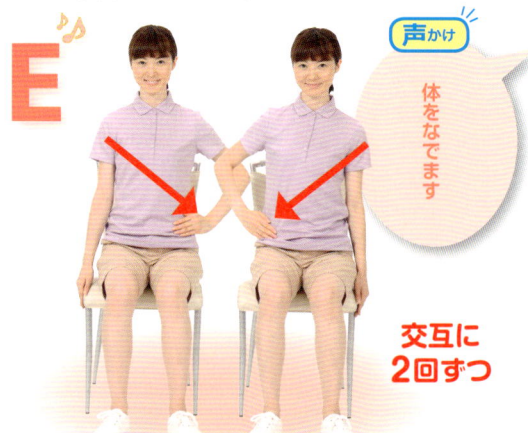

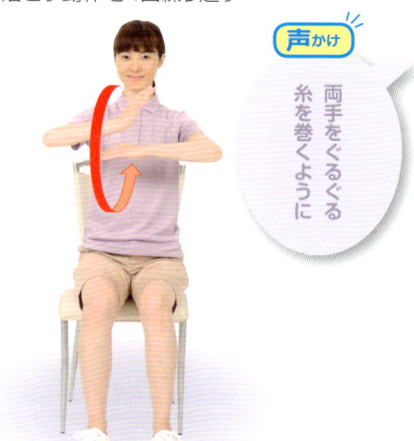

F 声かけ「両手をぐるぐる糸を巻くように」

胸の前で手をぐるぐる回す
両手を胸の前でぐるぐると回す

A あぶくたった　煮えたった	B 煮えたかどうだか　食べてみよ
C むしゃむしゃむしゃ	D まだ煮えない
A あぶくたった　煮えたった	B 煮えたかどうだか　食べてみよ
C むしゃむしゃむしゃ	D まだ煮えない
A あぶくたった　煮えたった	B 煮えたかどうだか　食べてみよ
C むしゃむしゃむしゃ　　　　もう煮えた	

① 子ども・遊びのうた　▼体をほぐす体操②　あぶくたった

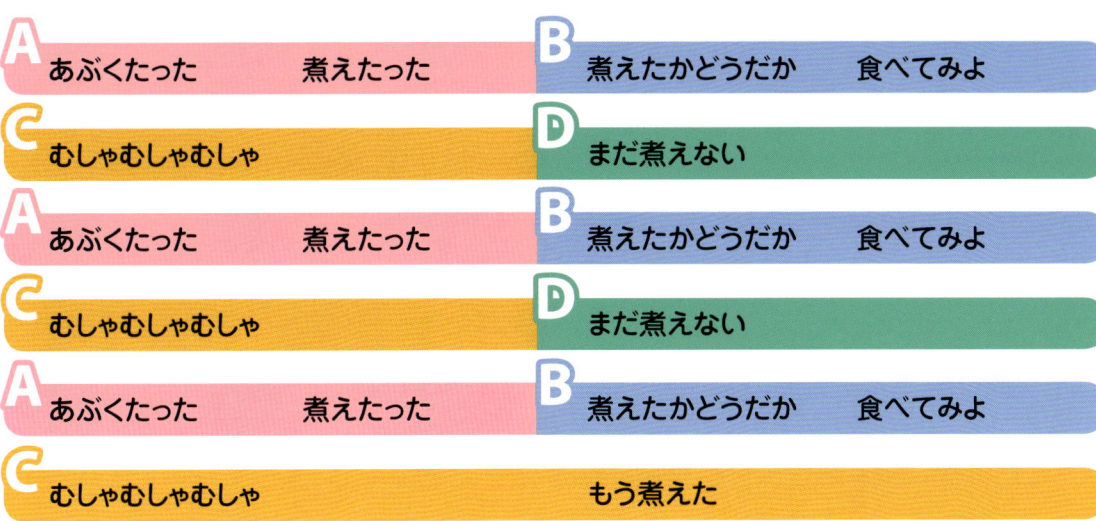

C
うなずきながら口を動かす
ムシャムシャと口と頭を同時に動かす

声かけ：何かを食べるようにムシャムシャムシャ

D
首を左右に振る
体は動かさずに首だけを左右に振る

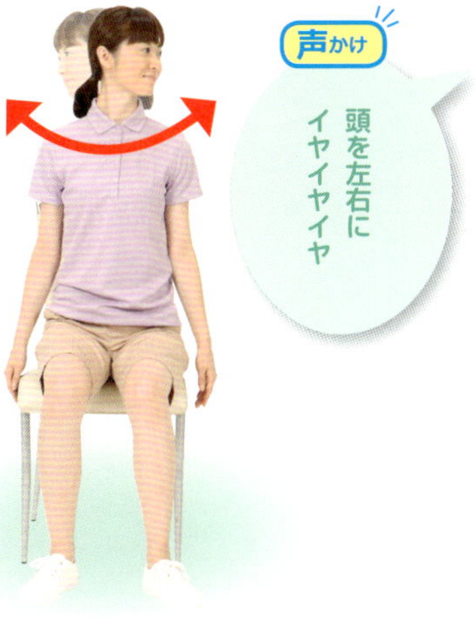

声かけ：頭を左右にイヤイヤ

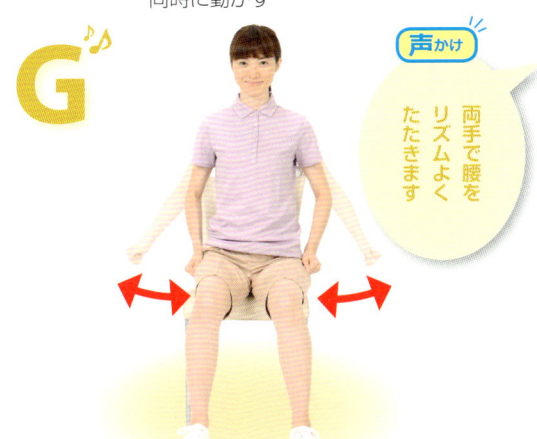

G
リズムよく腰を3回たたく
ポン、ポン、ポンとリズムよく腰の横を3回たたく

声かけ：両手で腰をリズムよくたたきます

H
腰に手を当て首をかしげる
腰に手を当てながら右側から左右交互に2回ずつ首をかしげる

声かけ：体を左右にユラユラ

交互に2回

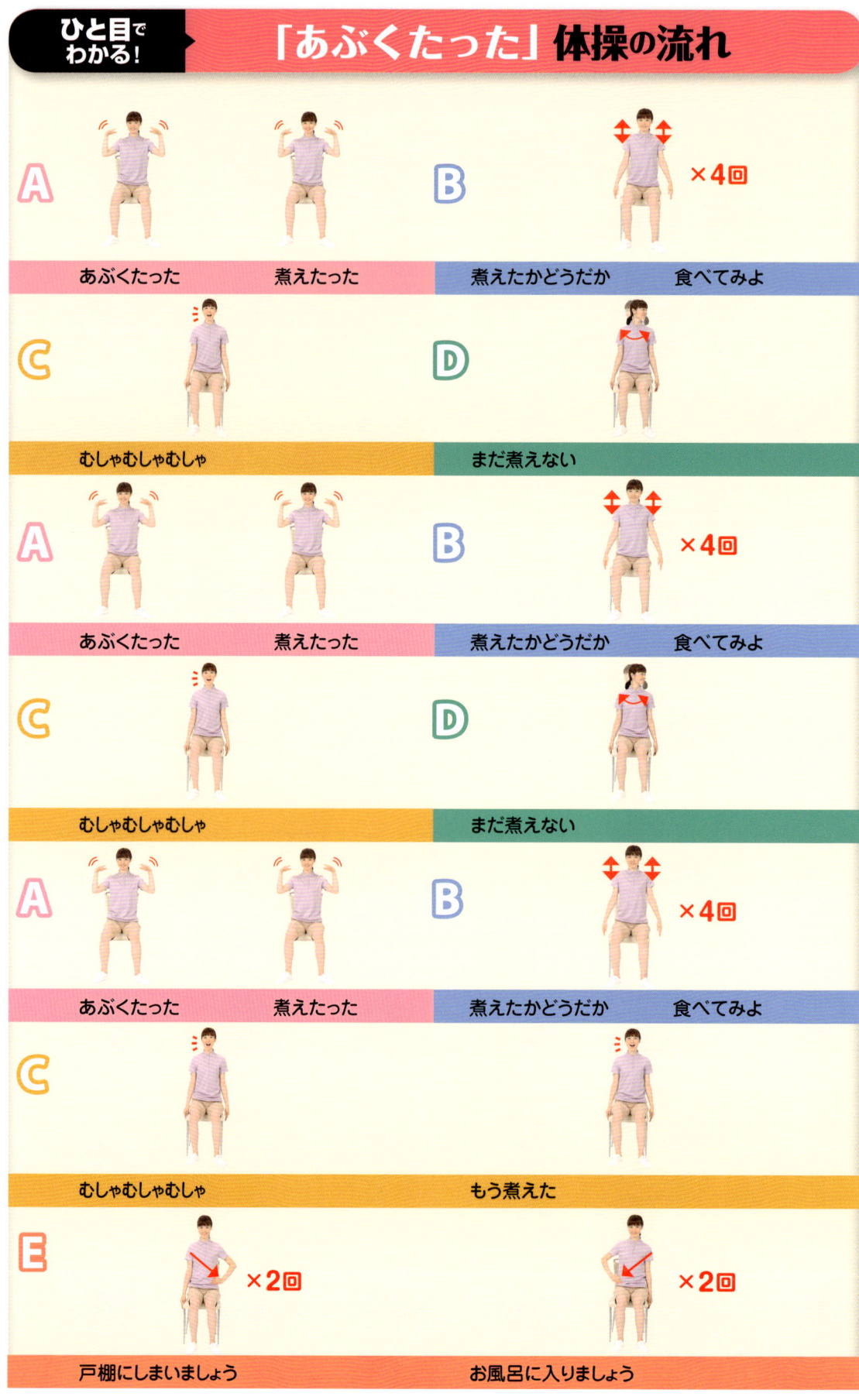

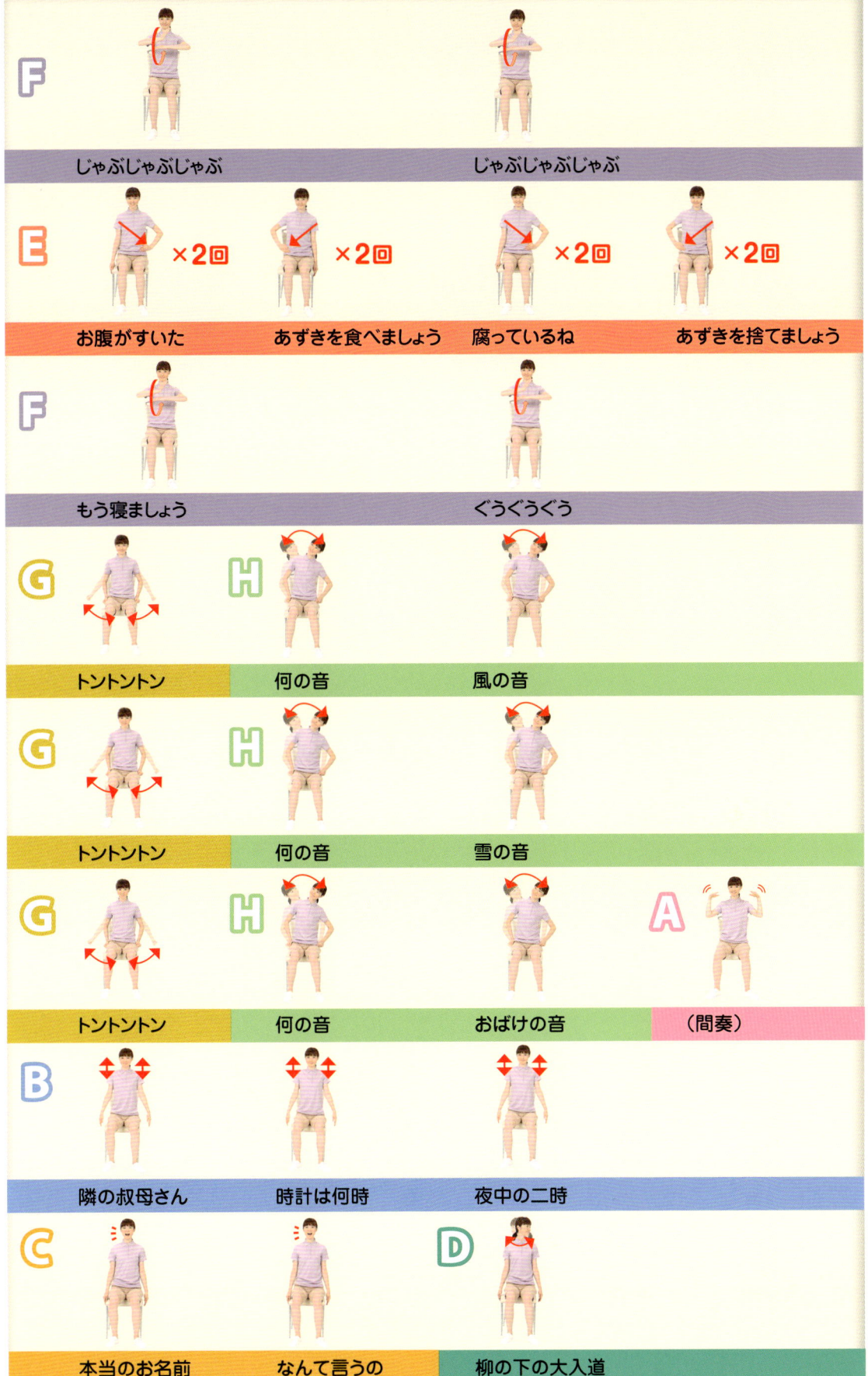

体の芯をつくる体操①

山寺の和尚さん

わらべ歌　編曲：服部良一

リズミカルに手足を動かします
リズミカルな足の動きに負けないように体幹部を安定させ、最後は手足を逆に動かして脳に刺激を入れます。

ココに効く
体幹の引き締め
脳トレ

A ♪ 基本の動き

声かけ
床をリズミカルにトントントン

左 **7**回
右 **7**回

片足を伸ばして床をたたく
左足から前に伸ばして
床を7回たたく

❶番

A 山寺の　　　和尚さんが　　　まりはけりたし　　まりはなし

B 猫をかん袋に　　押し込んで　　**C** ポンとけりゃ　　ニャンと鳴く

D ニャンがニャンとなく　　　　　ヨーイヨイ

❶ 子ども・遊びのうた
▶体の芯をつくる体操①　山寺の和尚さん

B♪

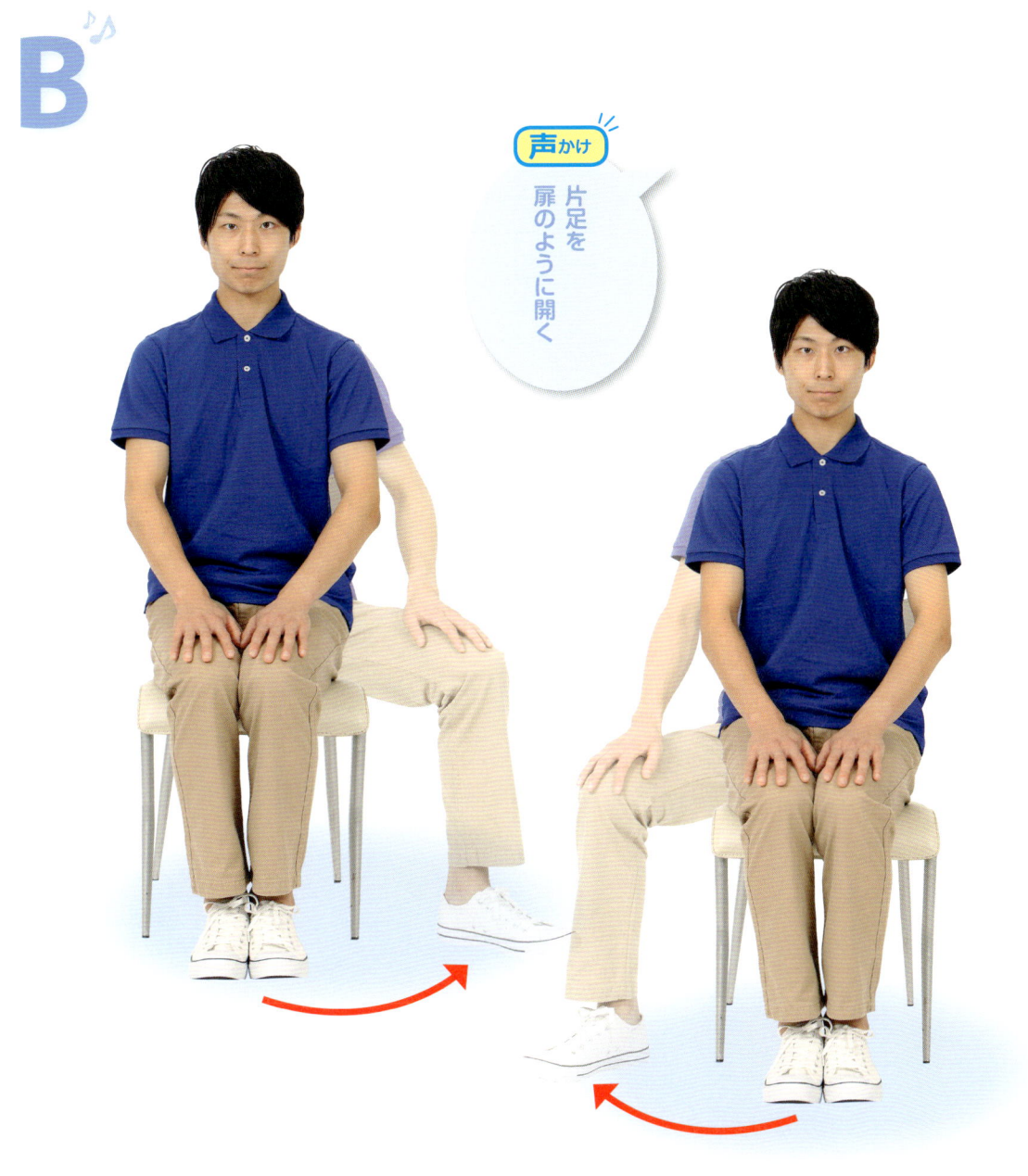

声かけ：片足を扉のように開く

片足を横に広げる
体の軸を保ちながら左足から
左右1回ずつ横に広げる

C♪

声かけ：ボールをぽ〜んと蹴るように

片足ずつ前に蹴り出す
左足から左右1回ずつ
足をポンと前に蹴り出す

D♪

声かけ：手と足を交互に開きましょう

2往復

手と足の動きを逆にして2往復
手がクロスで閉じていれば足は広げて
手が横に開けば足は閉じるを2往復

ひと目でわかる！「山寺の和尚さん」体操の流れ

A ×7回 / ×7回

❶番 山寺の	和尚さんが	まりはけりたし	まりはなし
❷番 山寺の	たぬきさん	太鼓打ちたし	太鼓なし

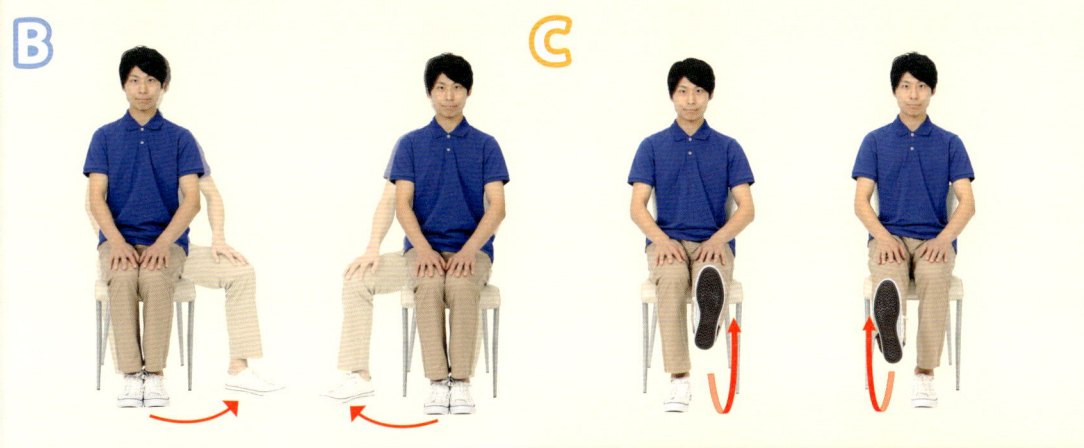

B / C

❶番 猫をかん袋に	押し込んで	ポンとけりゃ	ニャンと鳴く
❷番 そこでお腹を	チョイと出して	ポンと打ちゃ	ポンと鳴る

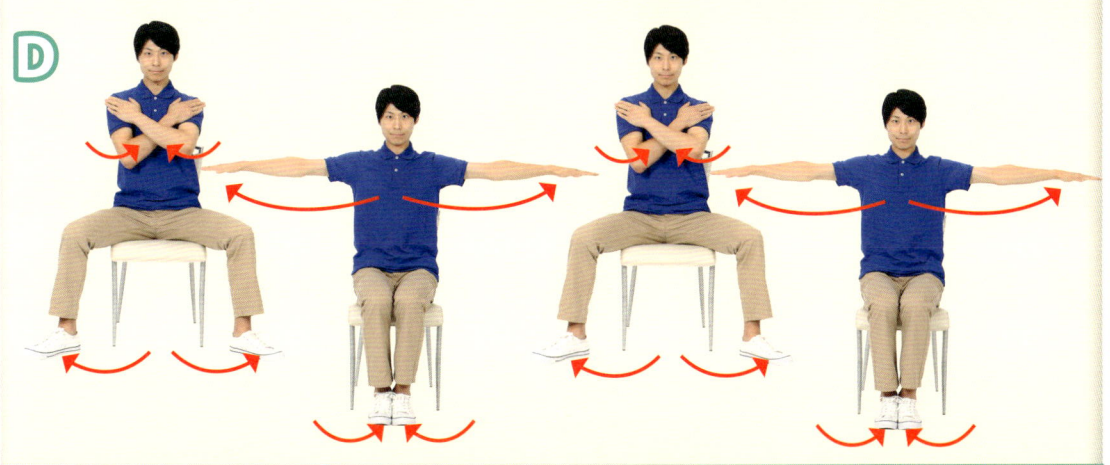

D

❶番 ニャンがニャンとなく	ヨーイヨイ
❷番 ポンがポンと鳴る	ヨーイヨイ

❶ 子ども・遊びのうた　▶体の芯をつくる体操①──山寺の和尚さん

体の芯をつくる体操②

靴が鳴る

作詞：清水かつら　作曲：弘田龍太郎

時間 約1分半　運動量 ★★☆

体操の効果

腕やお腹の余分な贅肉をシェイプします

腕の動きに負けないように体幹部を安定させます。腕やお腹に余分な肉がつきやすいところをしっかり動かしましょう。

ココに効く ウエスト、腕の引き締め

基本の動き

A 声かけ：手をつないで歩くように

B 声かけ：小さな小鳥の羽をイメージして

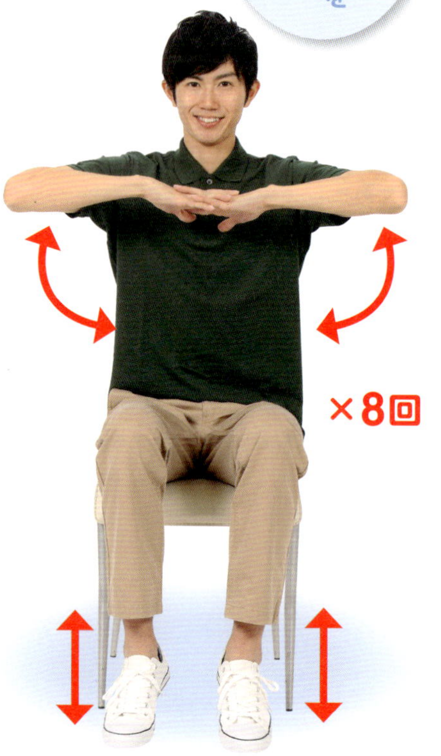

×8回

伸ばした両手の裏表を逆に入れ替える
右手が手のひら側を前に向けたら左手は甲を向けるというように入れ替える

わきの開け閉めとかかとの上げ下げを8回
わきを開けるタイミングでかかとを上げて
わきを閉めるタイミングでかかとを下げる

①番

A お手つないで　野道を行けば　**B** みんな可愛い　小鳥になって
C 唄をうたえば　靴が鳴る　**D** 晴れたみ空に　靴が鳴る

②番

A 花をつんでは　おつむにさせば　**B** みんな可愛い　うさぎになって
C はねて踊れば　靴が鳴る　**D** 晴れたみ空に　靴が鳴る

① 子ども・遊びのうた　▼体の芯をつくる体操②　──　靴が鳴る

C ♪
（声かけ）交差した腕を飛ばすように前へ伸ばします

×4回

D ♪
（声かけ）遠くの空を見上げて腕を伸ばします

交互に2回

わきから手をクロスさせて前に伸ばす
わきに置いた手をクロスさせながら
前に伸ばす動作を4回繰り返す

交互に斜め上に手を伸ばす
右側から左右交互に2回ずつ
手を斜め上に伸ばす

体の芯をつくる体操③

時間 約1分 **運動量** ★★★

ひらいた ひらいた

わらべ歌

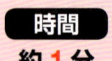

体操の効果

腕の動きに負けない体幹をつくります
体の芯をつくり、体幹を安定させます。腕の動きに負けないように腰、腹、脚をしっかり鍛えましょう。

ココに効く 体幹の筋力アップ

基本の動き

A ♪

声かけ：花弁が開くようなイメージで

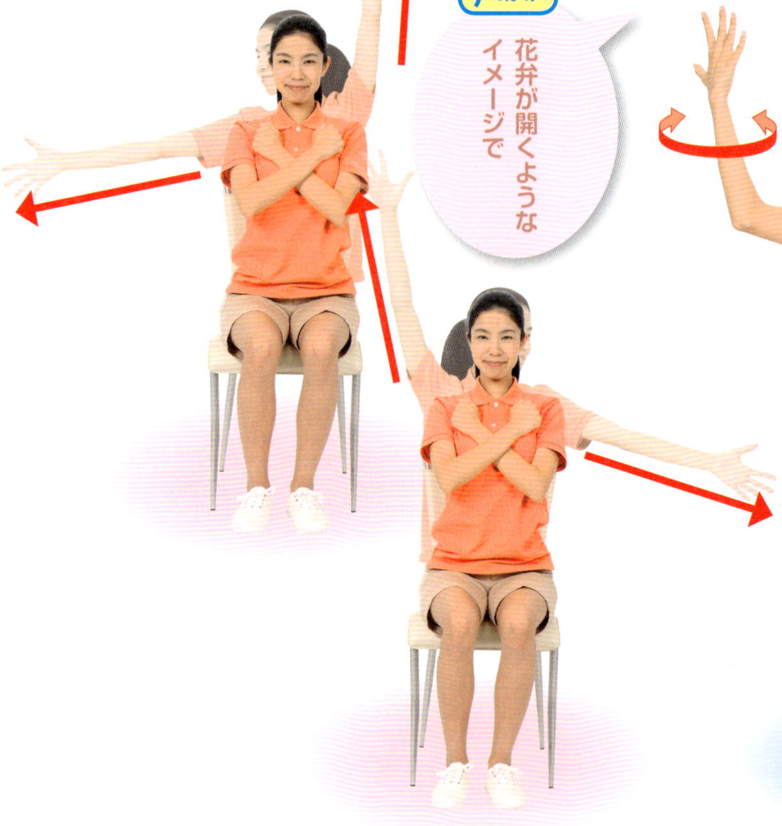

B ♪

声かけ：風に花が揺れているイメージで

両手を広げて胸を伸ばす
右側から左右交互に1回ずつ
胸の前でクロスした両手を広げる

ひじを上げて手首を返す
ひじを肩の高さまで上げて
手首をリズムに合わせて連続して返す

❶番

| A | ひらいた | ひらいた | なんの花が | ひらいた |
| B | れんげの花が | ひらいた | C ひらいたと思ったら | D いつのまにかつぼんだ |

❷番

| A | つぼんだ | つぼんだ | なんの花が | つぼんだ |
| B | れんげの花が | つぼんだ | C つぼんだと思ったら | D いつのまにかひらいた |

① 子ども・遊びのうた ▼体の芯をつくる体操③ — ひらいた ひらいた

C ♪

声かけ：両手でバッテンをつくります

D ♪

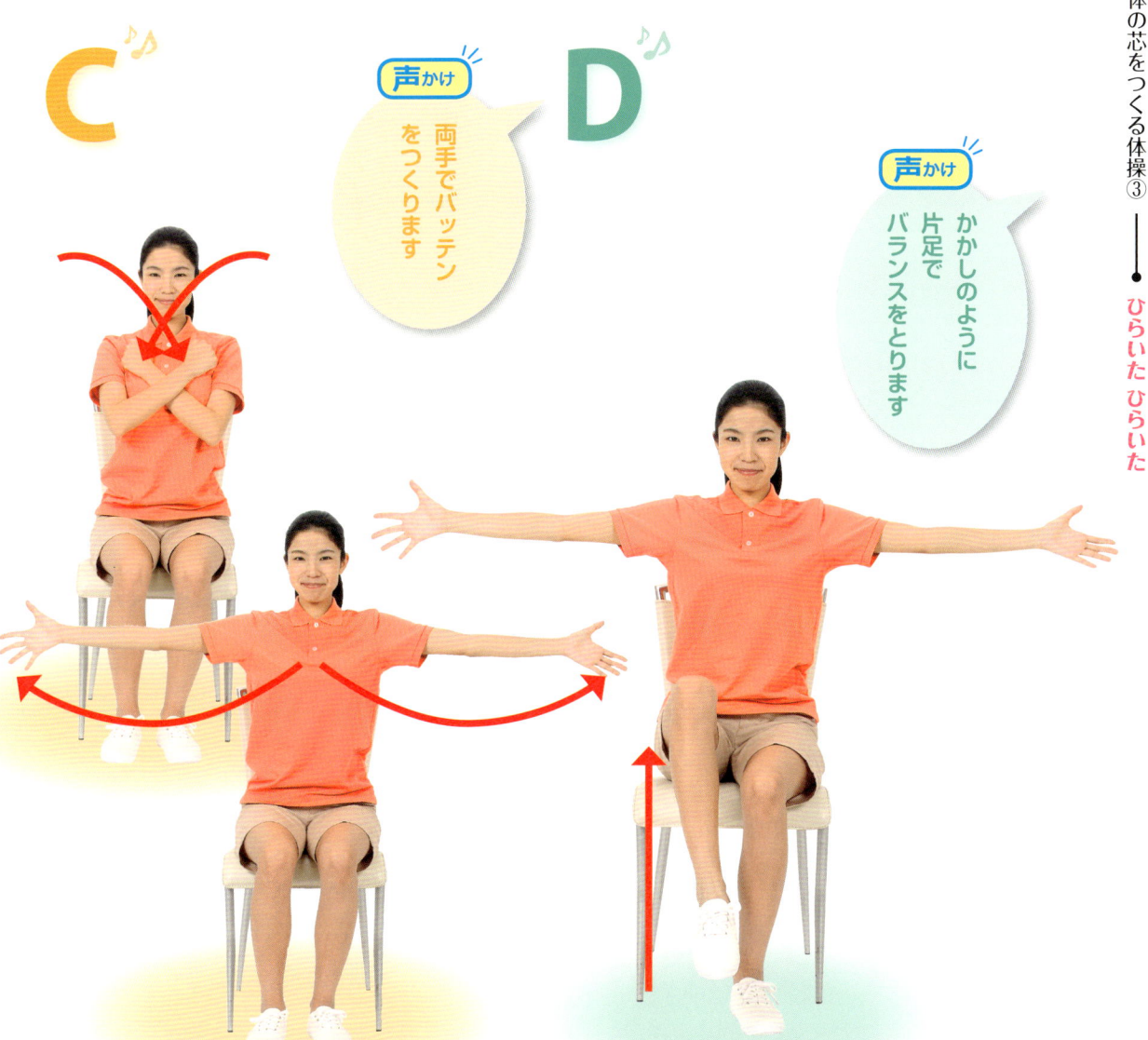

声かけ：かかしのように片足でバランスをとります

胸の前で両手をクロスして広げる
つぼみのように背すじを丸めて小さくなり
両手は胸の前でクロスした後、真横に広げる

腕を広げて片方の足を上げる
クロスした両手を真横にゆっくりと
広げたまま右足を上げてバランスをとる

体の芯をつくる体操④

しゃぼん玉

作詞：野口雨情　作曲：中山晋平

時間 約1分　運動量 ★★★

DVD 1-6　CD 6

使うもの：ペットボトル

体操の効果：肩周りのさまざまな筋肉を鍛えます
小さな動きで肩の内側の筋肉を鍛えて、大きな動きで肩周り全体の大きな筋肉を鍛えます。

ココに効く：肩、腕の筋力アップ

基本の動き

A

声かけ：手を横に広げて左右に持ち替えましょう

手を横に広げ、両手で行き来させる
左手にペットボトルを乗せて横に開き戻したら両手間で行き来させる

B

声かけ：手の動きに負けないように背すじをピンと伸ばします

今度は右手に乗せて横に広げる
今度は右手に置き横に広げてから両手間でペットボトルを行き来させる

A	しゃぼん玉とんだ　屋根までとんだ	B	屋根までとんで　こわれて消えた
A	しゃぼん玉消えた　飛ばずに消えた	B	うまれてすぐに　こわれて消えた
C	風　風　吹くな	D	しゃぼん玉とばそ

※繰り返し

① 子ども・遊びのうた　▼体の芯をつくる体操④　しゃぼん玉

C ♪
声かけ：腕を上までピンと伸ばします

D ♪
声かけ：今度は右腕を高く突き上げます

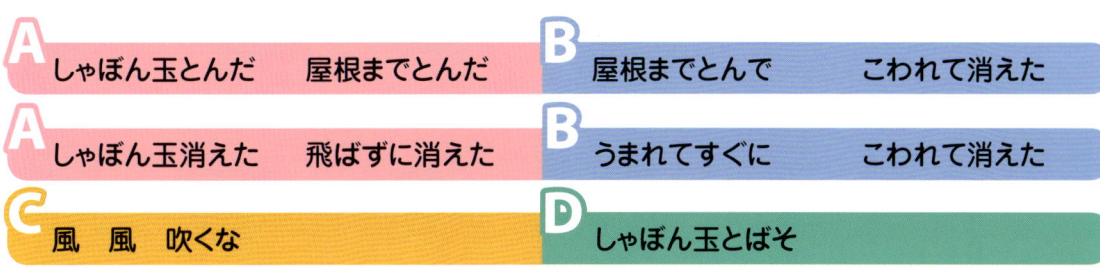

両手で持ってから左手を上げる
ペットボトルを左手で持ち
高く持ち上げる

今度は右手で持ち上げる
胸の前で両手で持ってから
右手で高く持ち上げる

体をスムーズに動かす体操①

時間 約1分半　**運動量** ★★★

仲よし小道

作詞：三苫やすし　作曲：河村光陽

体操の効果　**手足の交差動作で脳を活性化**
手足をリズミカルに動かします。手足の交差動作で脳を活性化させるトレーニングです。

ココに効く　脳トレ

基本の動き

声かけ：両手をブランコのように前後に振りましょう

4往復

両手を元気よく振る
両手を揃えたまま元気よく前後に4往復振る

❶番

A 仲よし小道は　　どこの道　　**B** いつも学校へ　　みよちゃんと
C ランドセル背負って　元気よく　**D** お歌をうたって　　通う道

❶ 子ども・遊びのうた　▼体をスムーズに動かす体操①　仲よし小道

B ♪

声かけ
クロスしてひざを
たたいたら
肩をトントンたたきます

クロス

足踏み

2回ずつ
2回たたく

足踏み

足踏みしながらひざと肩をたたく
手を交差させてひざを2回たたいたら
次は交差させずに肩を2回たたく動作を2セット

C ♪

2往復

声かけ: 軽くスキップをするように足を上げましょう

体を傾け逆に足を上げる
両手を肩に置いて右から左右交互に
体を傾け片方の足を上げる動作を2往復

D ♪

2回ずつ2回たたく　クロス　足踏み　足踏み

声かけ: ひざをたたいたら手をクロスして肩をトントンたたきます

足踏みしながらひざと肩をたたく
先ほどとは逆に手を交差させずにひざを2回たたいたら
次は手を交差させて肩を2回たたく動作を2セットおこなう

ひと目でわかる！「仲よし小道」体操の流れ

A

❶番 仲よし小道は	どこの道
❷番 仲よし小道は	うれしいな
❸番 仲よし小道の	小川には
❹番 仲よし小道の	日ぐれには

B

足踏み　足踏み　足踏み　足踏み

❶番 いつも学校へ	みよちゃんと
❷番 いつもとなりの	みよちゃんが
❸番 とんとん板橋	かけてある
❹番 母さまお家で	お呼びです

C

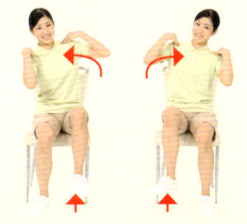

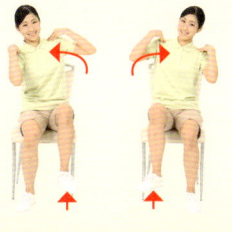

❶番 ランドセル背負って	元気よく
❷番 にこにこあそびに	かけてくる
❸番 仲よく並んで	腰かけて
❹番 さよならさよなら	また明日

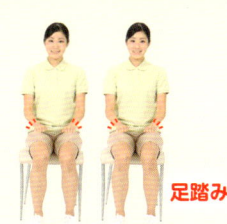

D

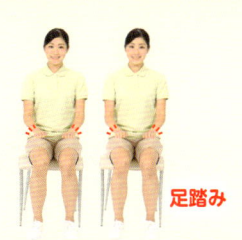

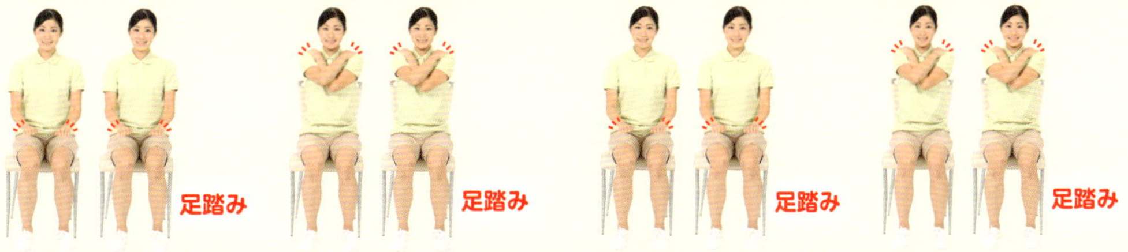

足踏み　足踏み　足踏み　足踏み

❶番 お歌をうたって	通う道
❷番 なんなんなの花	匂う道
❸番 お話するのよ	たのしいな
❹番 おててをふりふり	さようなら

❶ 子ども・遊びのうた
▼体をスムーズに動かす体操① ── 仲よし小道

体をスムーズに動かす体操②

時間 約1分　**運動量** ★★★　DVD ▶1-⑧　CD ▶8

ずいずいずっころばし

わらべ歌

体操の効果
大きい動きと小さい動きを交互におこないます
ダイナミックな動作と小さな動作の切り替えをスムーズにおこないます。腕をしっかり伸ばしましょう。

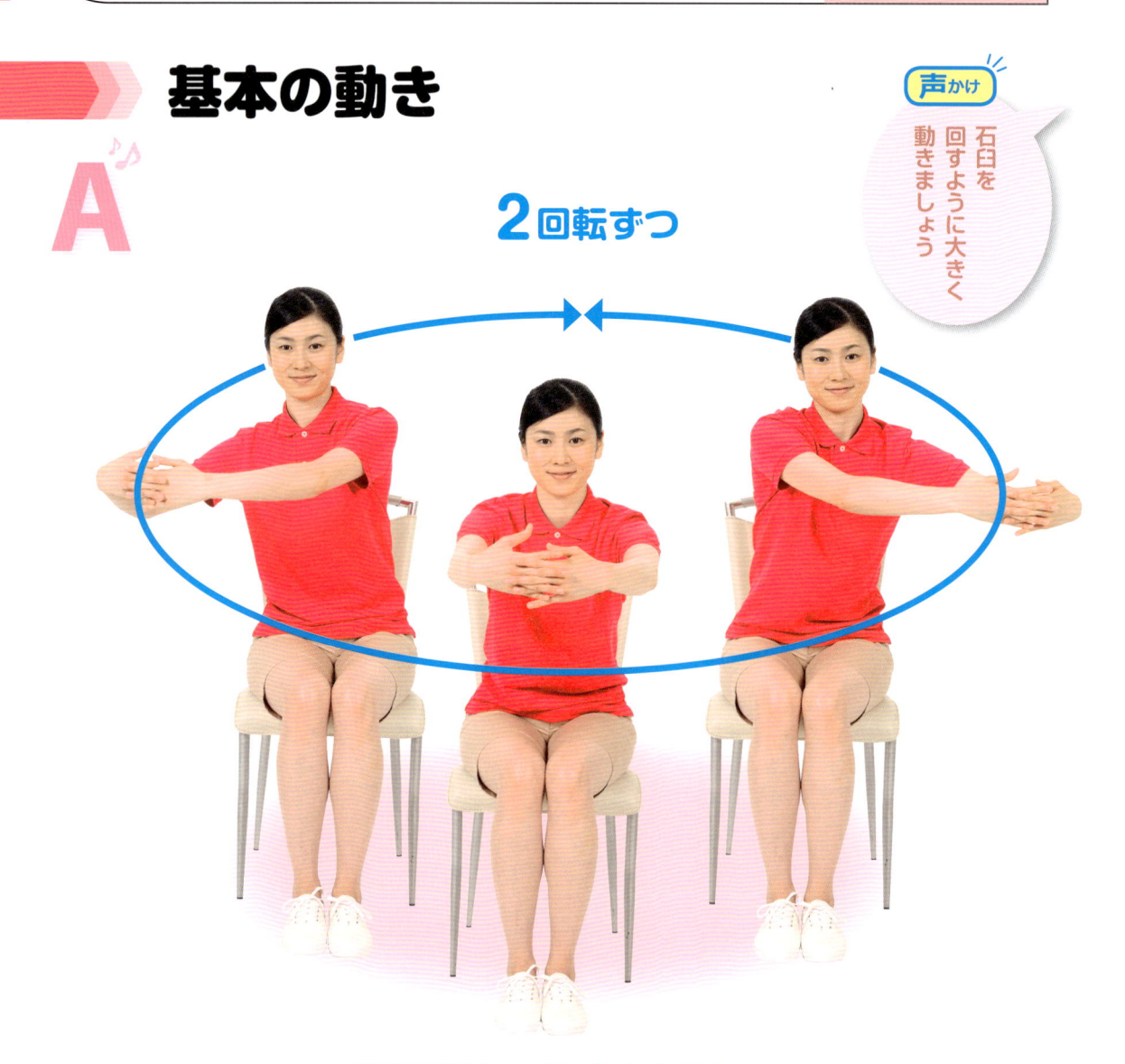

ココに効く
血行促進
胸、背、腰の筋力アップ

基本の動き

A♪

2回転ずつ

声かけ
石臼を回すように大きく動きましょう

両手で円をつくり大きく回す
両手で円をつくり反時計回りに2回
時計回りに2回大きく回す

1番

A ずいずいずっころばし　ごまみそずい　　ちゃつぼにおわれて　トッピンシャン

B ぬけたら　　　　ドンドコショ　　C たわらのねずみが　米くってチュウ

C チュウ チュウ チュウ　おとうさんが呼んでも　おかあさんが呼んでも　D いきっこなしよ

① 子ども・遊びのうた

▼体をスムーズに動かす体操② ── ずいずいずっころばし

B ♪

声かけ：指先を合わせて突き上げるように

×3回

指先を合わせて上に突き上げる
両手の指先を合わせて
上に向かって3回突き上げる

C♪

声かけ：両手で下からすくい上げるように

足を斜めに伸ばして両手ですくう
左から足を伸ばして両手ですくう動作を
交互に繰り返し3回目の左で終わる

D♪

声かけ：手をクルクル回して両手ともに横へ広げましょう

両手をぐるぐる回して最後に広げる
胸の前で両手をぐるぐると回して
最後は胸の前で横に広げる

ひと目でわかる！「ずいずいずっころばし」体操の流れ

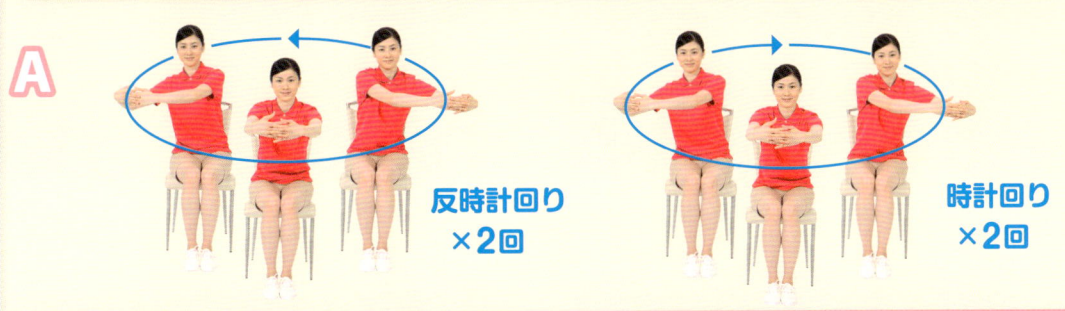

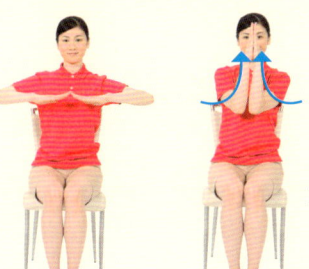

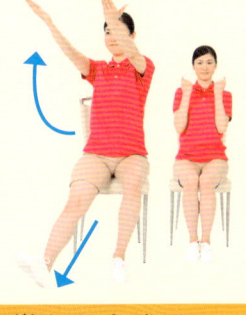

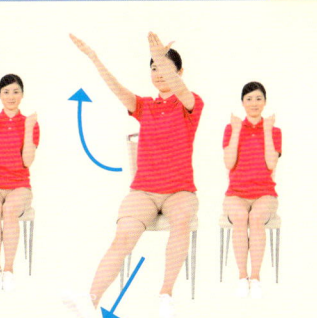

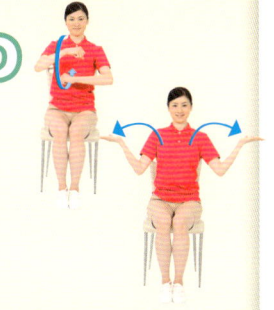

A

反時計回り ×2回　　　　時計回り ×2回

❶番	ずいずいずっころばし　ごまみそずい	ちゃつぼにおわれて	トッピンシャン
❷番	ずいずいずっころばし　ごまみそずい	ちゃつぼにおわれて	トッピンシャン

B ×3回　　C

❶番	ぬけたら　　ドンドコショ	たわらのねずみが　　米くってチュウ
❷番	ぬけたら　　ドンドコショ	たわらのねずみが　　米くってチュウ

C　　D

❶番	チュウ チュウ チュウ	おとうさんが呼んでも	おかあさんが呼んでも	いきっこなしよ
❷番	チュウ チュウ チュウ	おとうさんが呼んでも	おかあさんが呼んでも	いきっこなしよ

D

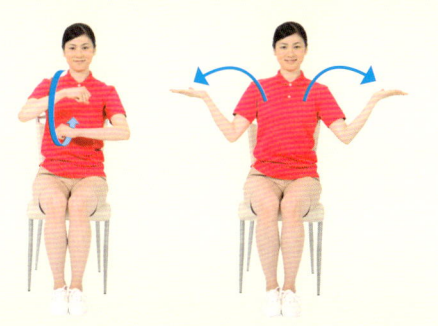

❷番	井戸のまわりでお茶碗かいたのだれ

① 子ども・遊びのうた

▼体をスムーズに動かす体操② ── ずいずいずっころばし

② 故郷のうた

▶▶▶ 収録曲

体をほぐす体操①
1 埴生の宿
（約2分半）

体をほぐす体操②
2 砂山（※タオル使用）
（約2分）

体の芯をつくる体操②
5 あんたがたどこさ
（約1分）

体をスムーズに動かす体操①
6 故郷の空
（約1分）

■ DVDおすすめ選曲
下記のプログラムはDVDチャプターで選択できます。

A　約4分半　〜腕や肩を軽やかに〜
❶ 埴生の宿　　❷ あんたがたどこさ
❸ 故郷の空

B　約6分　〜肩や背中を軽やかに〜
❶ 故郷　　❷ 故郷の廃家
❸ ふじの山

C　約6分　〜全身を使って元気よく〜
❶ 砂山　　❷ 故郷の廃家
❸ 村祭

D　約4分　〜体幹を意識して〜
❶ あんたがたどこさ　❷ ふじの山
❸ 村祭

体をほぐす体操③

3　故 郷（約2分）

体の芯をつくる体操①

4　故郷の廃家（約2分半）

体をスムーズに動かす体操②

7　ふじの山（約1分半）

体をスムーズに動かす体操③

8　村 祭（約1分半）

体操は次のページからはじまります

体をほぐす体操①

時間 約2分半
運動量 ★☆☆

埴生の宿
はにゅうのやど

DVD ▶2-①
CD ▶9

作詞：里見 義　作曲：ビショップ

体操の効果

ゆっくりと深呼吸しながらおこないます
ゆったりとした気持ちでゆっくりと呼吸をしながらおこない、肩や胸、背中、脇腹を気持ちよく伸ばしましょう。

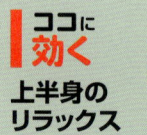

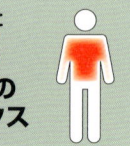

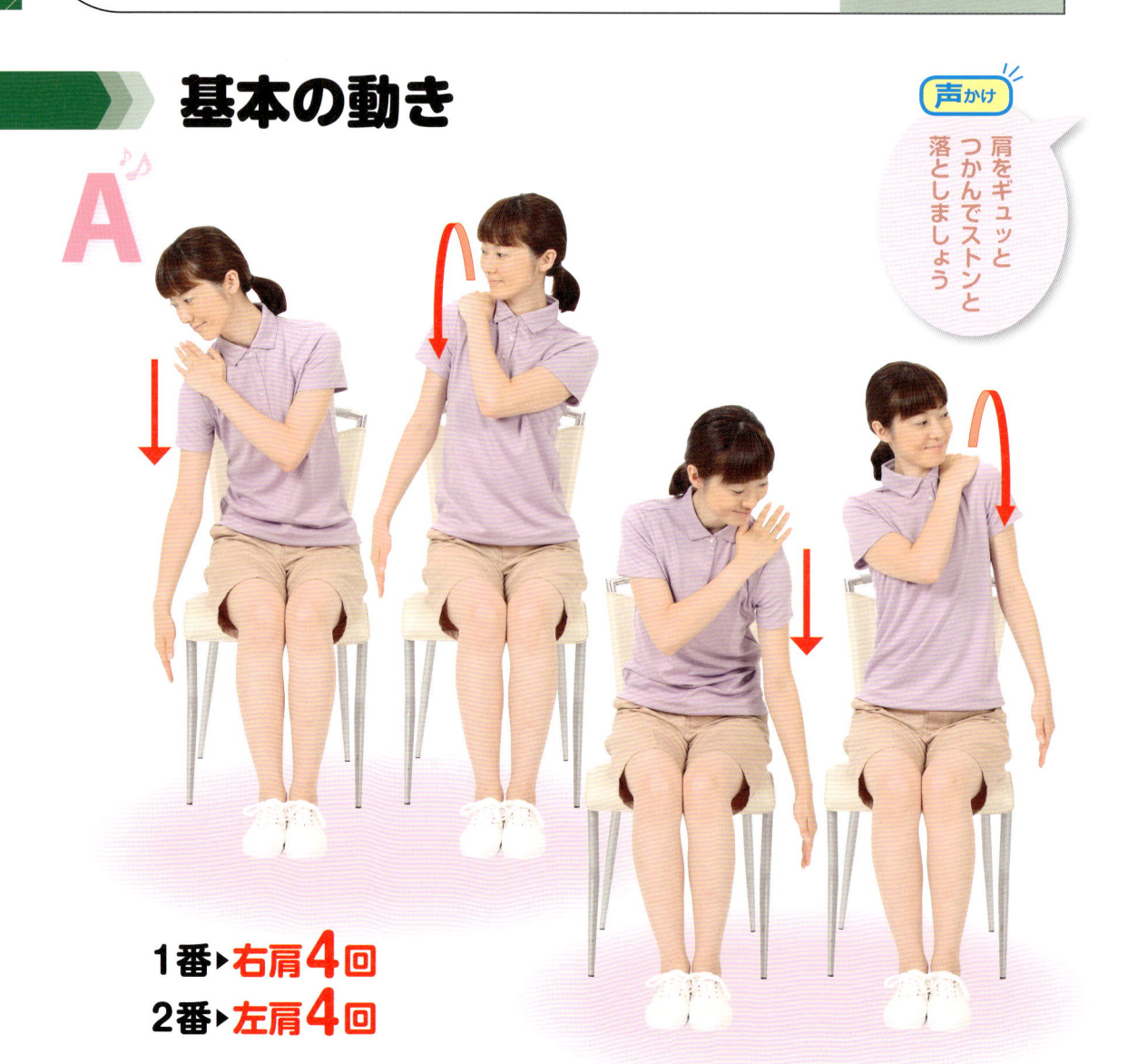

ココに効く
上半身のリラックス

基本の動き

A♪

声かけ
肩をギュッとつかんでストンと落としましょう

1番▶**右肩4回**
2番▶**左肩4回**

前から後ろに肩を大きく回す
手で押さえた肩を下に落として
前から後ろへ4回大きく回す

46

❶番

A 埴生の宿も　　　わが宿

B 玉のよそい　　　うらやまじ

C のどかなりや　　春の空　　　花はあるじ　　　鳥は友

D おおわが宿よ　　　　　　　たのしとも　　　たのもしや

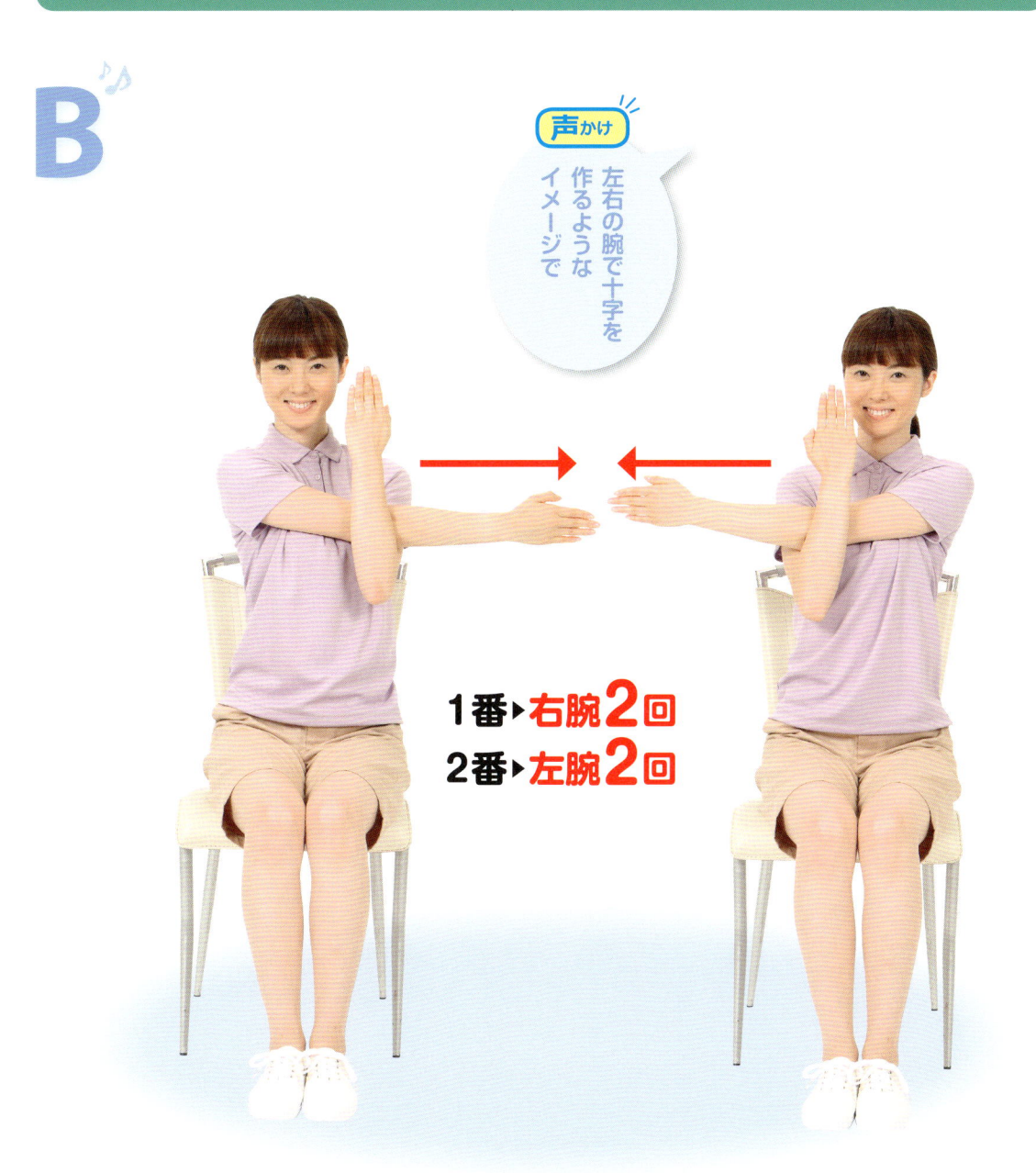

❷ 故郷のうた ▼体をほぐす体操① ●埴生の宿

B ♪

声かけ：左右の腕で十字を作るようなイメージで

1番▶右腕2回
2番▶左腕2回

伸ばした腕の肩をストレッチ
伸ばした腕を2回体に引きつけて肩をストレッチする

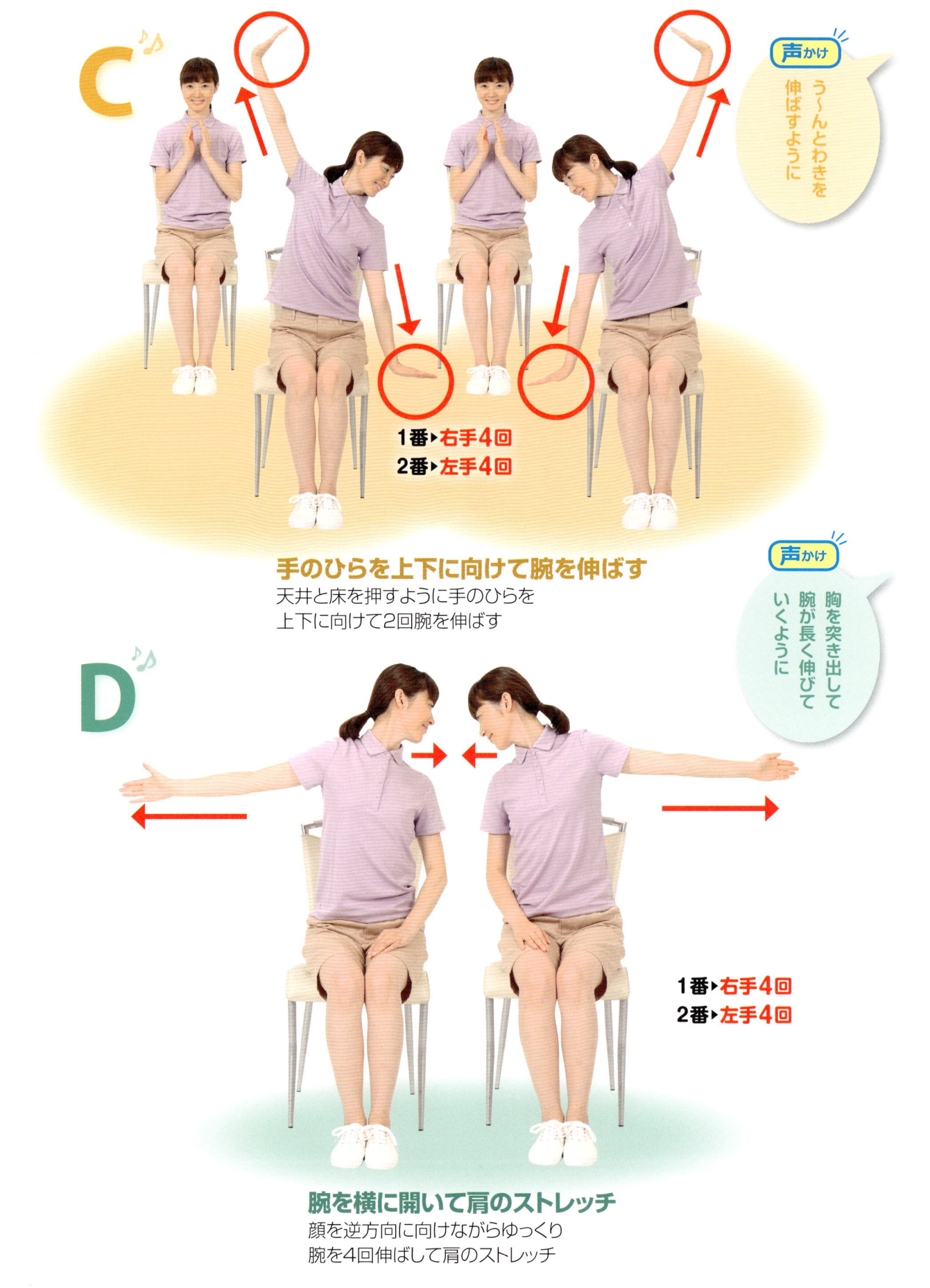

C ♪

声かけ
う～んとわきを伸ばすように

1番▶**右手4回**
2番▶**左手4回**

手のひらを上下に向けて腕を伸ばす
天井と床を押すように手のひらを
上下に向けて2回腕を伸ばす

D ♪

声かけ
胸を突き出して腕が長く伸びていくように

1番▶**右手4回**
2番▶**左手4回**

腕を横に開いて肩のストレッチ
顔を逆方向に向けながらゆっくり
腕を4回伸ばして肩のストレッチ

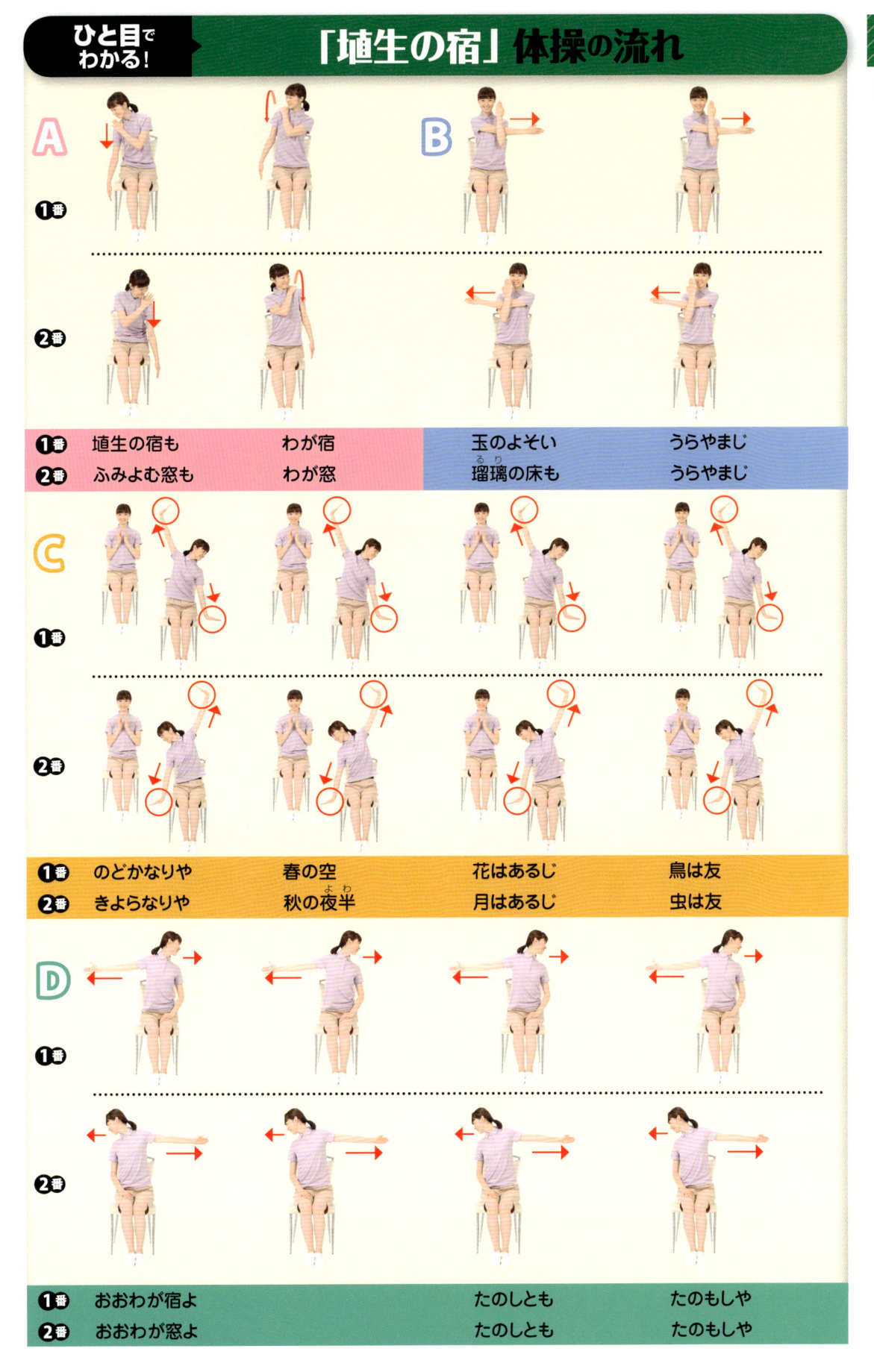

ひと目でわかる！「埴生の宿」体操の流れ

②故郷のうた
▶体をほぐす体操① — 埴生の宿

A
- ❶番
- ❷番

B

	❶番		❷番	
	埴生の宿も	わが宿	玉のよそい	うらやまじ
	ふみよむ窓も	わが窓	瑠璃（るり）の床も	うらやまじ

C
- ❶番
- ❷番

❶番	のどかなりや	春の空	花はあるじ	鳥は友
❷番	きよらなりや	秋の夜半（よわ）	月はあるじ	虫は友

D
- ❶番
- ❷番

❶番	おおわが宿よ		たのしとも	たのもしや
❷番	おおわが窓よ		たのしとも	たのもしや

49

体をほぐす体操②

砂山

作詞：北原白秋　作曲：中山晋平

時間 約2分　**運動量** ★★★

DVD 2-❷　CD ▶10

使うもの：タオル

体操の効果
指先や手首をしっかり動かします
タオルを使うことで指先や手首をしっかり動かせます。腕の付け根から意識的にひねるようにしましょう。

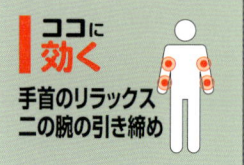

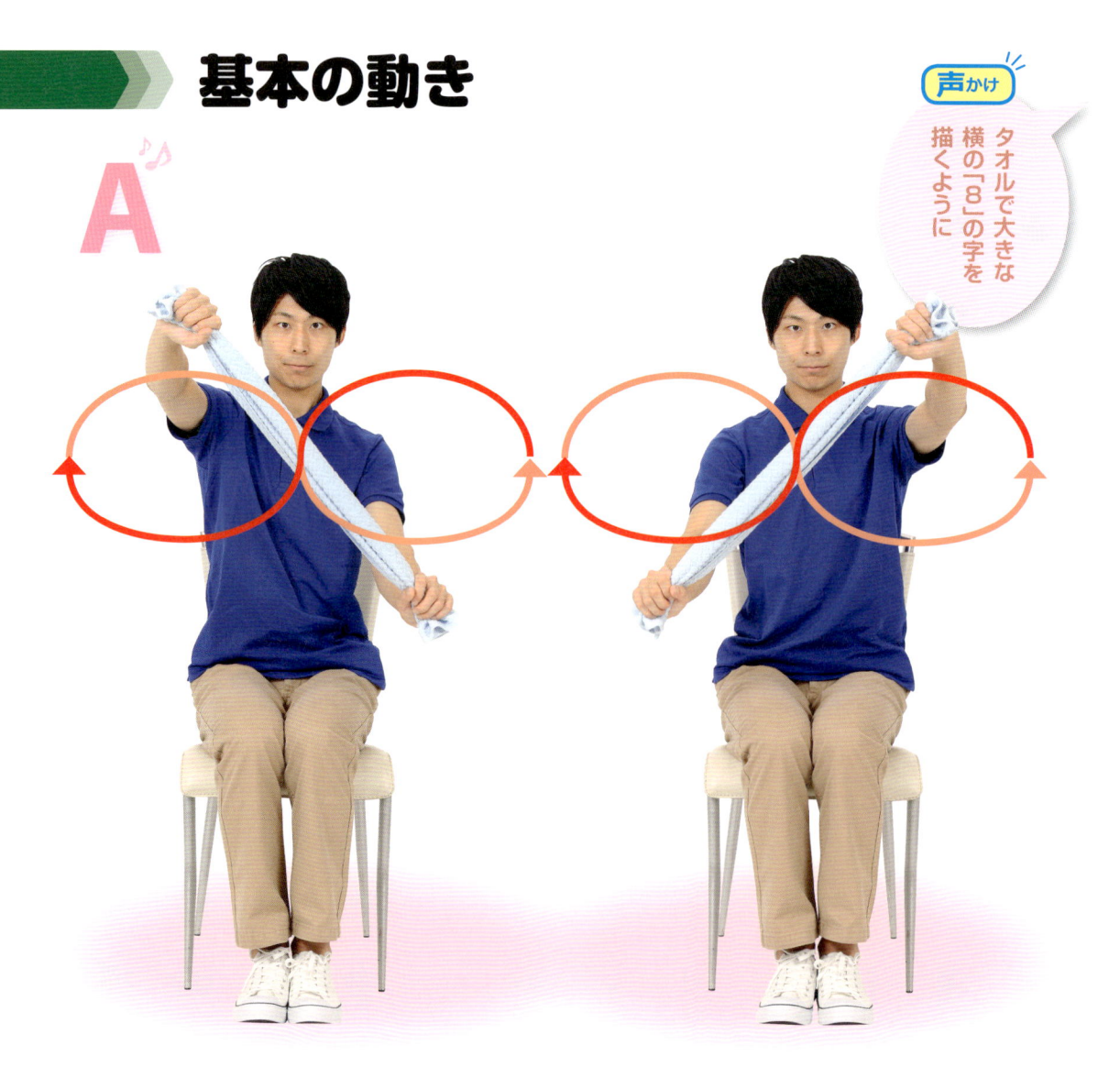

ココに効く
手首のリラックス
二の腕の引き締め

基本の動き

A

声かけ：タオルで大きな横の「8」の字を描くように

タオルで「8」の字を描く
タオルの両端を持ちゆっくりと大きく「8」の字を4回描く

❷ 故郷のうた ▶体をほぐす体操② ── 砂山

❶番
- **A** 海は荒海　　　向こうは佐渡よ
- **B** すずめなけなけ
- **C** もう日は暮れた
- **D** みんな呼べ呼べ　　お星さま出たぞ

❷番
- **A** 暮れりゃ砂山　　汐鳴りばかり
- **B** すずめちりぢり
- **C** また風荒れる
- **D** みんなちりぢり　　もう誰も見えぬ

B ♪

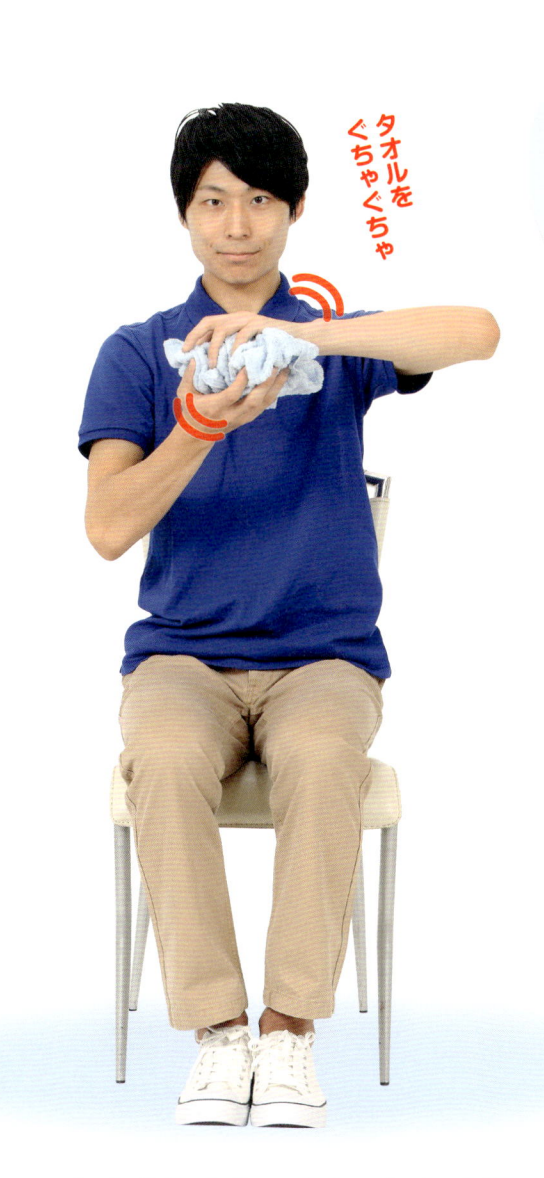

声かけ
タオルをぐちゃぐちゃに丸めましょう

タオルをぐちゃぐちゃに丸める
ひじを曲げて顔の前でタオルを
ぐちゃぐちゃに丸める

C ♪

声かけ
タオルをギュッと絞りましょう

×4回

ひじを伸ばしてタオルを絞る
ひじを伸ばしながら
「ギュッ」と力強く4回絞る

D ♪

声かけ
洗濯ものを広げるようなイメージで

パタパタ

×8回

タオルを広げて8回パタパタ
タオルの上端を持ち広げながら
8回パタパタと上下に動かす

ひと目でわかる！「砂山」体操の流れ

A

❶番 海は荒海	向こうは佐渡よ
❷番 暮れりゃ砂山	汐鳴りばかり
❸番 かえろかえろよ	ぐみ原わけて

B / C

×4回

❶番 すずめなけなけ	もう日は暮れた
❷番 すずめちりぢり	また風荒れる
❸番 すずめさよなら	さよならあした

D

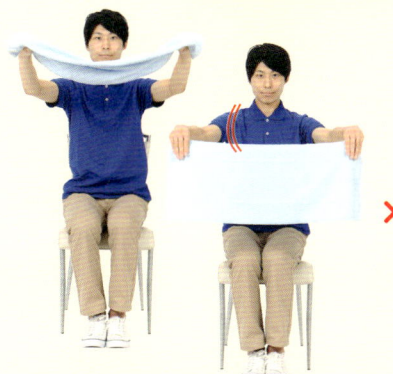

×8回

❶番 みんな呼べ呼べ	お星さま出たぞ
❷番 みんなちりぢり	もう誰も見えぬ
❸番 海よさよなら	さよならあした

❷ 故郷のうた ▶体をほぐす体操② ― 砂山

体をほぐす体操③

時間 約2分　**運動量** ★☆☆

故郷
ふるさと

DVD 2-❸　CD ▶11

作詞：高野辰之　作曲：岡野貞一　文部省唱歌

体操の効果
上半身を大きく動かします
肩や腕だけではなく、上半身までしっかり動かすつもりでダイナミックに動かします。

ココに効く
上半身のリラックス

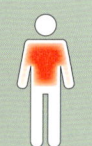

基本の動き

A♪

声かけ：山をイメージして腕で三角形を描きます

×4回

腕で大きな三角形を描く
腕を大きく使って体の前で三角形を4回つくる

1番

| A | 兎追いし　　　　かの山 | B | こぶな釣りし　　　　かの川 |
| C | 夢は今も　　　　めぐりて | D | 忘れがたき　　　　故郷 |

❷ 故郷のうた

▶体をほぐす体操③ ── 故郷

B ♪

声かけ：両手で魚が泳ぐようにスイスイ

×4回

波打つように腕を前に伸ばす
手首やひじを柔らかく使い
腕を前に波打つように伸ばす

C ♪

声かけ：野原が広がっているイメージで

交互に2回ずつ

片方の腕を横に広げる
曲のリズムに合わせてゆったりと右腕から交互に2回ずつ広げる

D ♪

声かけ：腕を「8」の字に動かしてゆらりゆらり

×2回

指先を重ねて「8」の字を描く
ゆったりとしたリズムで「8」の字を体全体を使って2回描く

ひと目でわかる！「故郷」体操の流れ

② 故郷のうた ▶ 体をほぐす体操③ ─ 故郷

A

❶番	兎追いし	かの山
❷番	いかにいます	父母
❸番	こころざしを	はたして

B

❶番	小鮒釣りし	かの川
❷番	つつがなしや	友がき
❸番	いつの日にか	帰らん

C

❶番	夢は今も	めぐりて
❷番	雨に風に	つけても
❸番	山は青き	故郷

D

❶番	忘れがたき	故郷
❷番	思い出ずる	故郷
❸番	水は清き	故郷

体の芯をつくる体操①

時間	運動量
約2分半	★★☆

故郷の廃家
こきょうのはいか

DVD 2-④　CD ▶12

作詞：犬童球渓　作曲：ヘイス

体操の効果

体幹を安定させながら腕を大きく動かします
体幹を安定させて腕を水平に保ちながらおこないます。ダイナミックな腕の動きに負けないように姿勢を維持しましょう。

ココに効く
体幹の筋力アップ

基本の動き

A♪　4往復

声かけ
両手を押し合い合掌ポーズ

両手をゆっくりと左右に動かす
合掌した両手をゆっくりと右から4往復動かす

1番

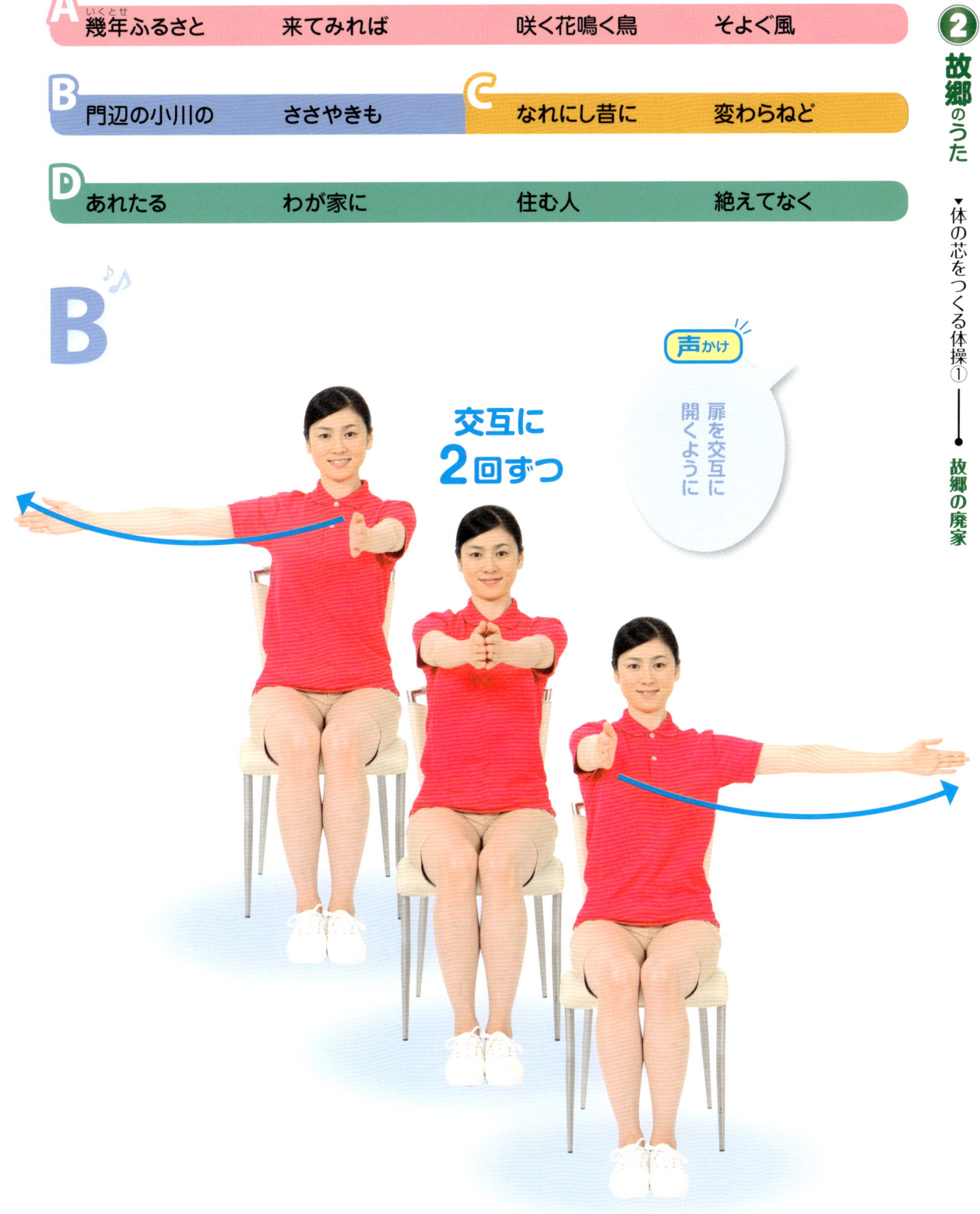

A 幾年ふるさと　　来てみれば　　　　咲く花鳴く鳥　　そよぐ風

B 門辺の小川の　　ささやきも　**C** なれにし昔に　　変わらねど

D あれたる　　わが家に　　　　住む人　　絶えてなく

② 故郷のうた

▼体の芯をつくる体操①──故郷の廃家

B ♪

交互に2回ずつ

声かけ：扉を交互に開くように

伸ばした腕を横に広げる
右から左右交互に2回ずつ
腕を大きく横に広げる

59

C♪

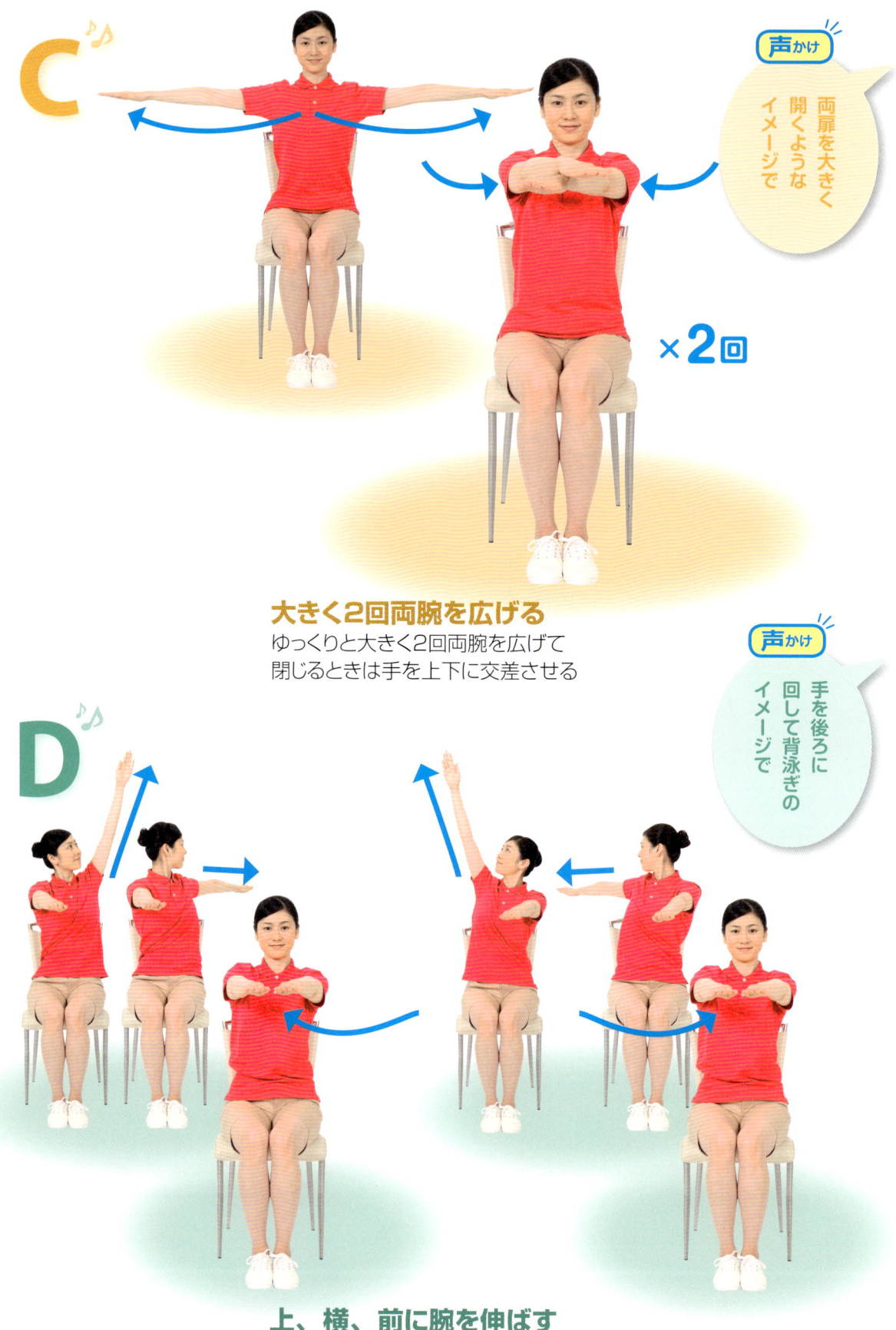

×2回

大きく2回両腕を広げる
ゆっくりと大きく2回両腕を広げて
閉じるときは手を上下に交差させる

声かけ：両扉を大きく開くようなイメージで

D♪

上、横、前に腕を伸ばす
左から交互に2回ずつ腕を大きく
上、横、前の順で伸ばす

声かけ：手を後ろに回して背泳ぎのイメージで

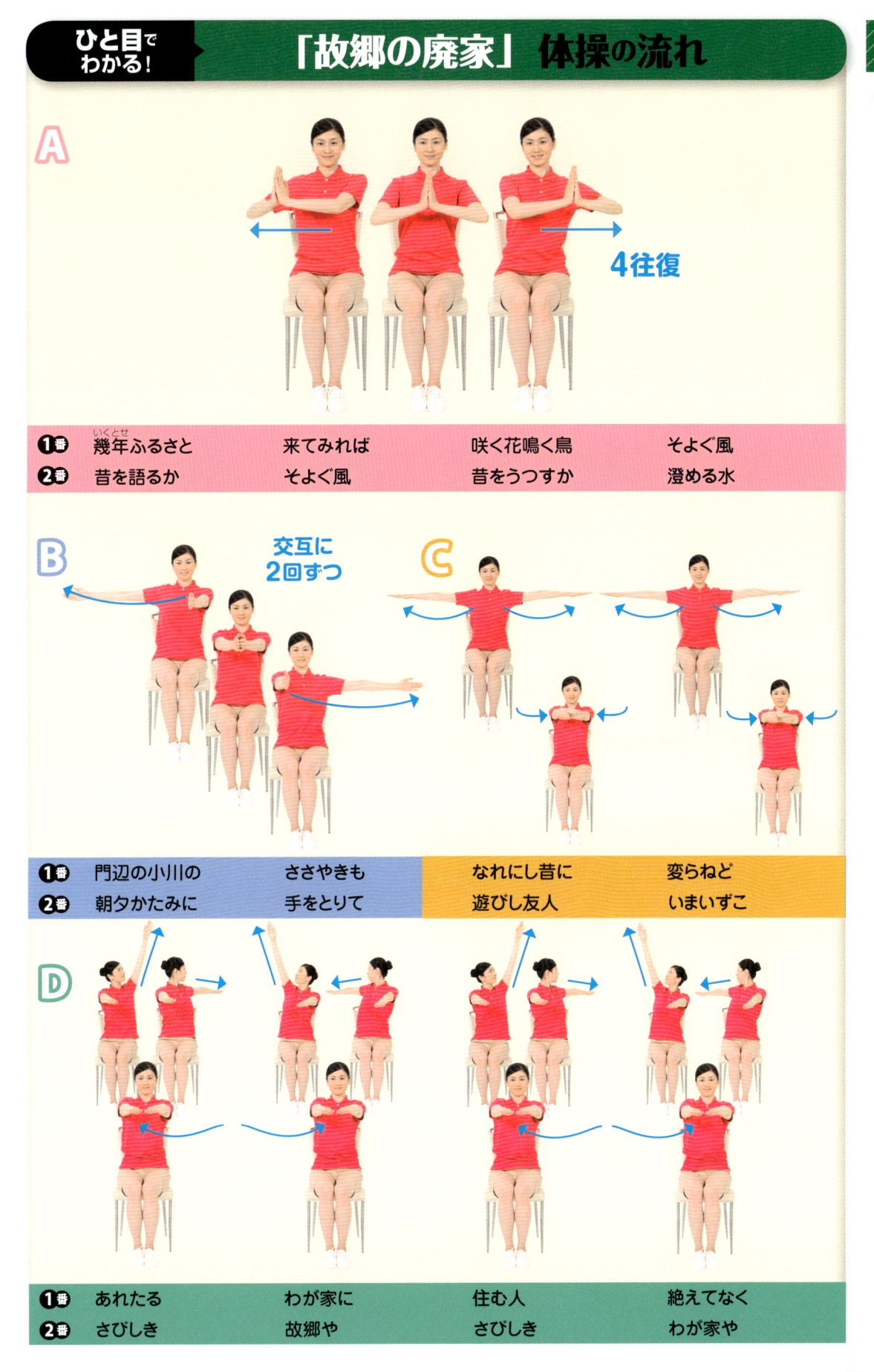

ひと目でわかる！ 「故郷の廃家」体操の流れ

② 故郷のうた ▼体の芯をつくる体操① ── 故郷の廃家

A

4往復

❶番	幾年ふるさと	来てみれば	咲く花鳴く鳥	そよぐ風
❷番	昔を語るか	そよぐ風	昔をうつすか	澄める水

B
交互に2回ずつ

C

❶番	門辺の小川の	ささやきも	なれにし昔に	変らねど
❷番	朝夕かたみに	手をとりて	遊びし友人	いまいずこ

D

❶番	あれたる	わが家に	住む人	絶えてなく
❷番	さびしき	故郷や	さびしき	わが家や

体の芯をつくる体操②

あんたがたどこさ

わらべ歌

時間 約1分
運動量 ★★★

DVD 2-❺
CD 13

体操の効果
右手と左手で違う動きをして脳を鍛えます
リズムに合わせて左手で「チョキ」、右手で「パー」と違う形を出すことで、脳を活性化させます。

ココに効く 脳トレ

基本の動き

A 🎵

声かけ：お腹を交互にポンポン叩きます

B 🎵

声かけ：左手で「チョキ」

リズミカルにお腹をたたく
曲のリズムに合わせてテンポよく交互にお腹をたたく

「さ」のタイミングで左手でチョキ
歌詞の「さ」のタイミングで左手でチョキをつくる

② 故郷のうた

▼ 体の芯をつくる体操② ── あんたがたどこさ

A あんたがたどこ	B さ	A ひご	B さ	A ひごどこ	C さ
A くまもと	B さ	A くまもとどこ	B さ	A せんば	B さ
A せんば山には　たぬきがおって			C さ		
A それをりょうしが　てっぽうでうって			B さ		
A にて	B さ	A やいて	B さ	A くって	B さ

D それをこのはで　ちょいとかぶせ

※繰り返し

C

声かけ：右手で「パー」

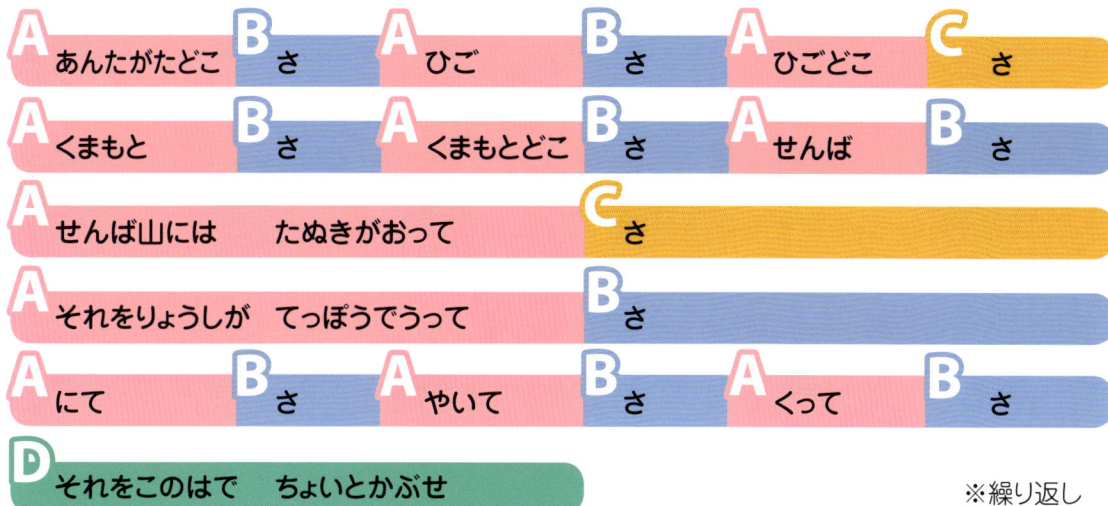

D

声かけ：両手をぐるぐる　最後はおつむにチョン

「さ」のタイミングで右手でパー
歌詞の「さ」のタイミングが
右手の場合はパーをつくる

両手を回してから頭の上に
胸の前で両手を回してから
頭の上に両手を重ねる

体をスムーズに動かす体操①

時間 約1分　**運動量** ★★★

故郷の空

DVD 2-6　CD 14

作詞：大和田建樹　原曲：スコットランド民謡

体操の効果
体操の動きに呼吸を合わせましょう
しなやかにダイナミックに動いて血行を促進させます。動きに呼吸を合わせて、気持ちよくおこないましょう。

ココに効く
血行促進
腕の柔軟性アップ

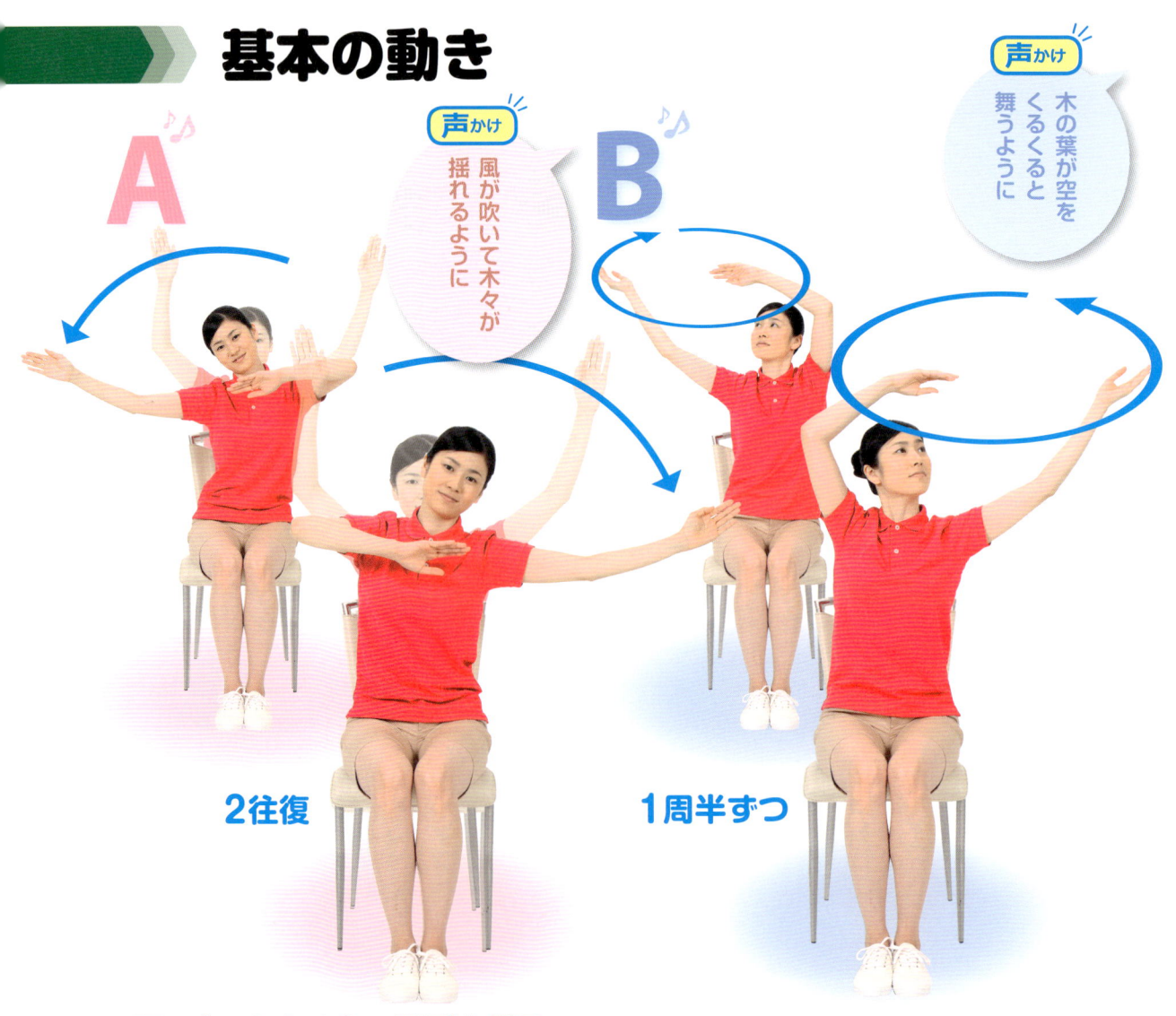

基本の動き

A
声かけ：風が吹いて木々が揺れるように

2往復

頭の上でしなやかに両手を振る
手首やひじを柔らかく使って
右から2往復両手をしなやかに振る

B
声かけ：木の葉が空をくるくると舞うように

1周半ずつ

両手を1周半ずつ回す
両手を上げて時計回りに1周半
反時計回りに1周半回す

❶番

A 夕空晴れて　　秋風吹き　　**B** つきかげ落ちて　　鈴虫なく

C おもえば遠し　　故郷の空　　**D** ああ わが父母　　いかにおわす

❷番

A すみゆく水に　　秋萩たれ　　**B** 玉なす露は　　すすきにみつ

C おもえば似たり　故郷の野辺　**D** ああ わが はらから　たれと遊ぶ

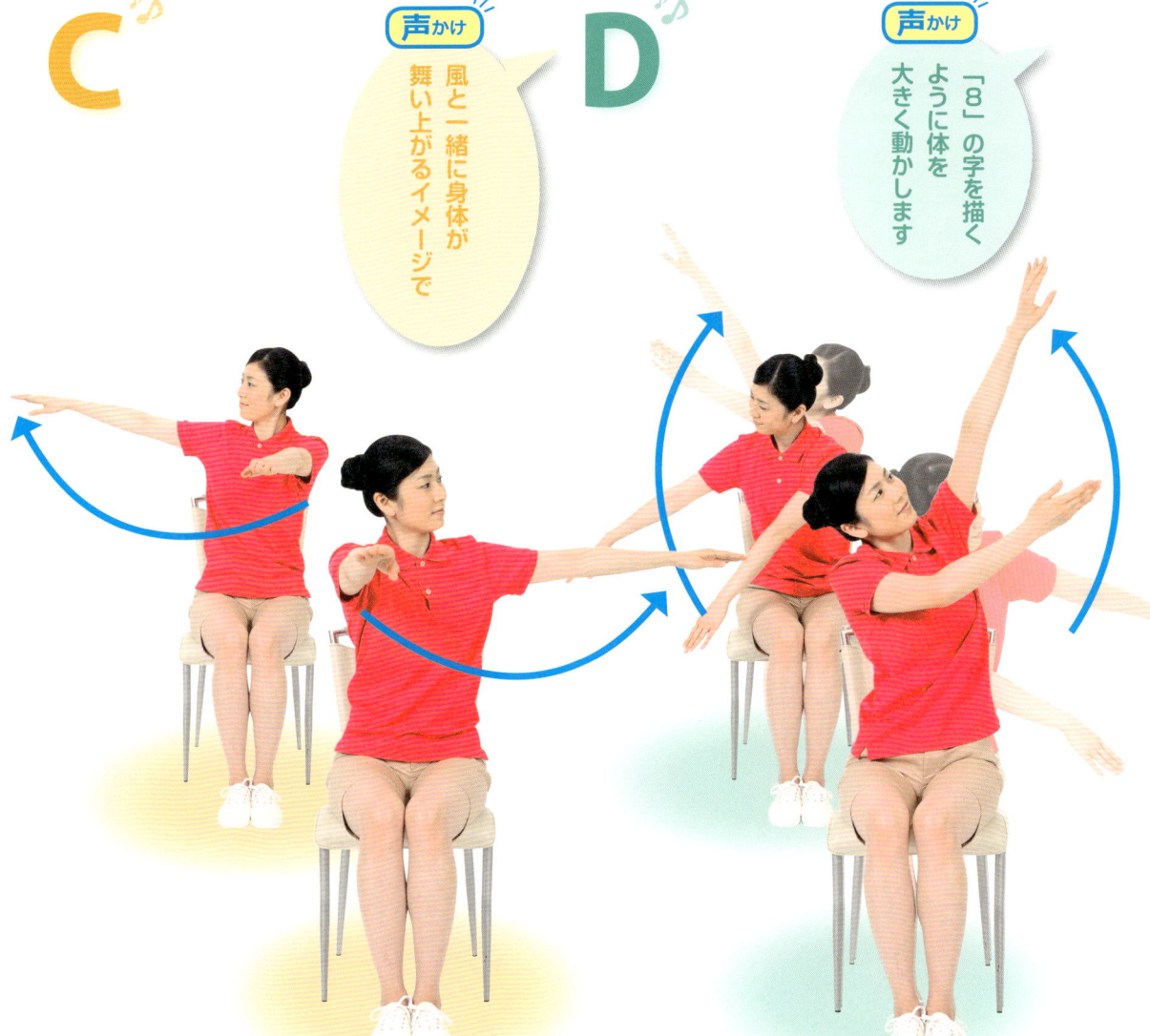

❷ 故郷のうた

▼体をスムーズに動かす体操① ── 故郷の空

C ♪♪

声かけ：風と一緒に身体が舞い上がるイメージで

D ♪♪

声かけ：「8」の字を描くように体を大きく動かします

両手を下から左右に振り上げる
両手を左右に右から
2往復大きく振る

両手を伸ばして「8」の字を描く
両手を横に大きく伸ばして
「8」の字を2回描く

体をスムーズに動かす体操②

時間 約1分半
運動量 ★★★

ふじの山

DVD 2-7
CD 15

作詞：巖谷小波　文部省唱歌

体操の効果
力強い動作で動きにメリハリをつけます
力強いキビキビとした動作で動きにメリハリをつけます。できるだけ大きく動いて筋肉に刺激を入れましょう。

ココに効く
下半身の筋力アップ
背中の柔軟性アップ

基本の動き

A
声かけ：顔の上げ下げもしっかりとおこないましょう

交互に2回ずつ

両手を組んで顔を上げ下げ
背中を丸める動作と胸を張る動作を交互に2回繰り返し顔を上げ下げする

B
声かけ：手をかざして見下ろすように

額に手をかざして体を前傾させる
左手から左右1回ずつ額に手をかざして体を前傾させる

② 故郷のうた ▼体をスムーズに動かす体操② ―― ふじの山

①番
- **A** あたまを雲の　　　上に出し
- **B** 四方の山を　　　見おろして
- **C** かみなりさまを　　下にきく
- **D** ふじは日本一の山

②番
- **A** 青ぞら高く　　　そびえたち
- **B** からだに雪の　　　きものきて
- **C** かすみのすそを　　とおくひく
- **D** ふじは日本一の山

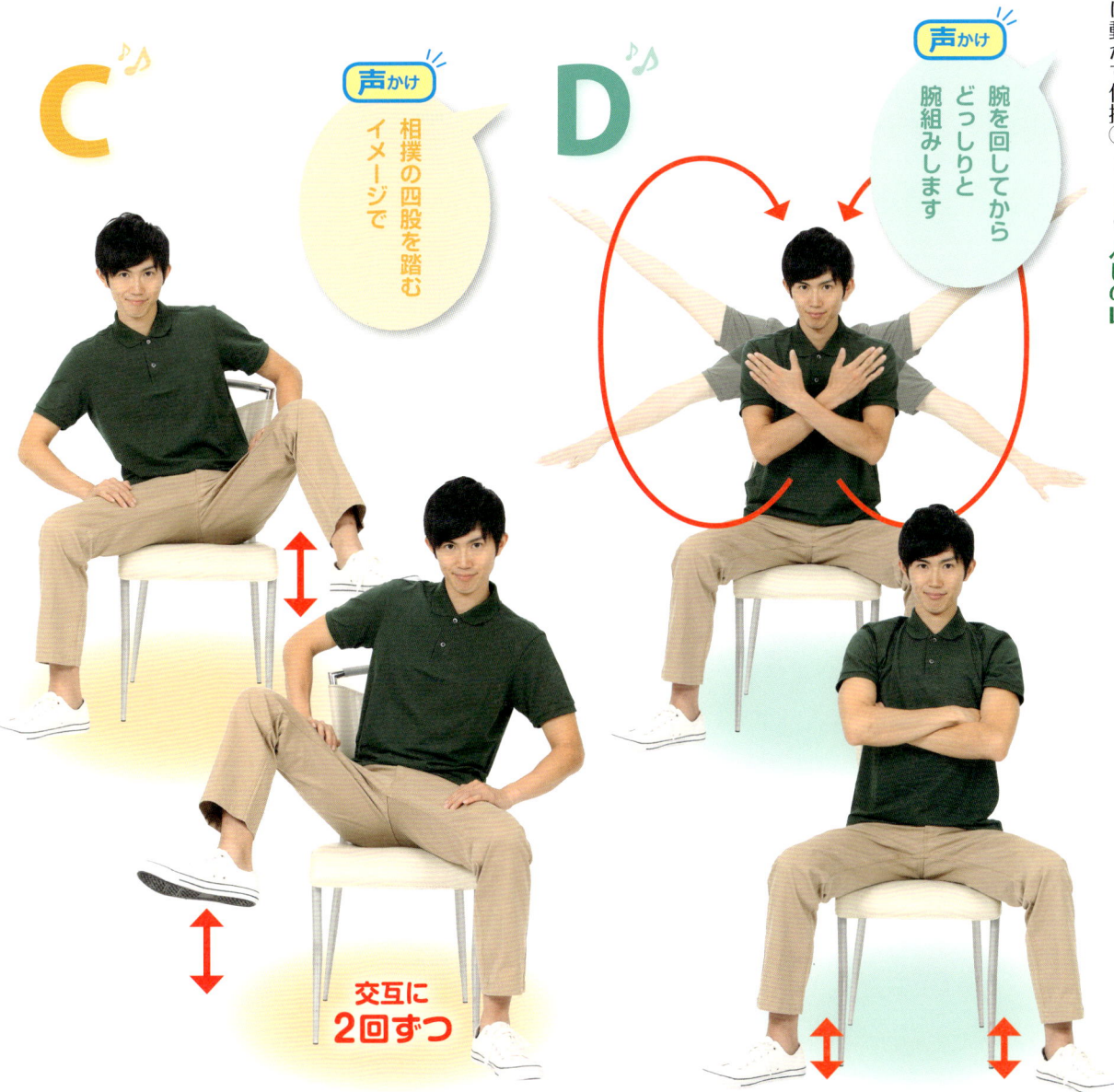

C ♪♫
声かけ：相撲の四股を踏むイメージで

交互に2回ずつ

片足ずつ大きく足踏み
左足から交互に2回ずつ大きく足踏みをする

D ♪♫
声かけ：腕を回してからどっしりと腕組みします

下から腕を回してかかとを鳴らす
腕を下から1周腕を回して腕組みをして最後はかかとを上げ下げ

体をスムーズに動かす体操③

時間 約1分半
運動量 ★★★

村 祭

作曲：南 能衛　文部省唱歌

DVD 2-⑧
CD 16

体操の効果

力を入れるときは息を吐きましょう。
力強く、アクセント（強弱）をつけて動きます。力を入れるときにしっかりと息を吐き、お腹を締めましょう。

ココに効く
体幹の筋力アップ

基本の動き

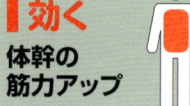

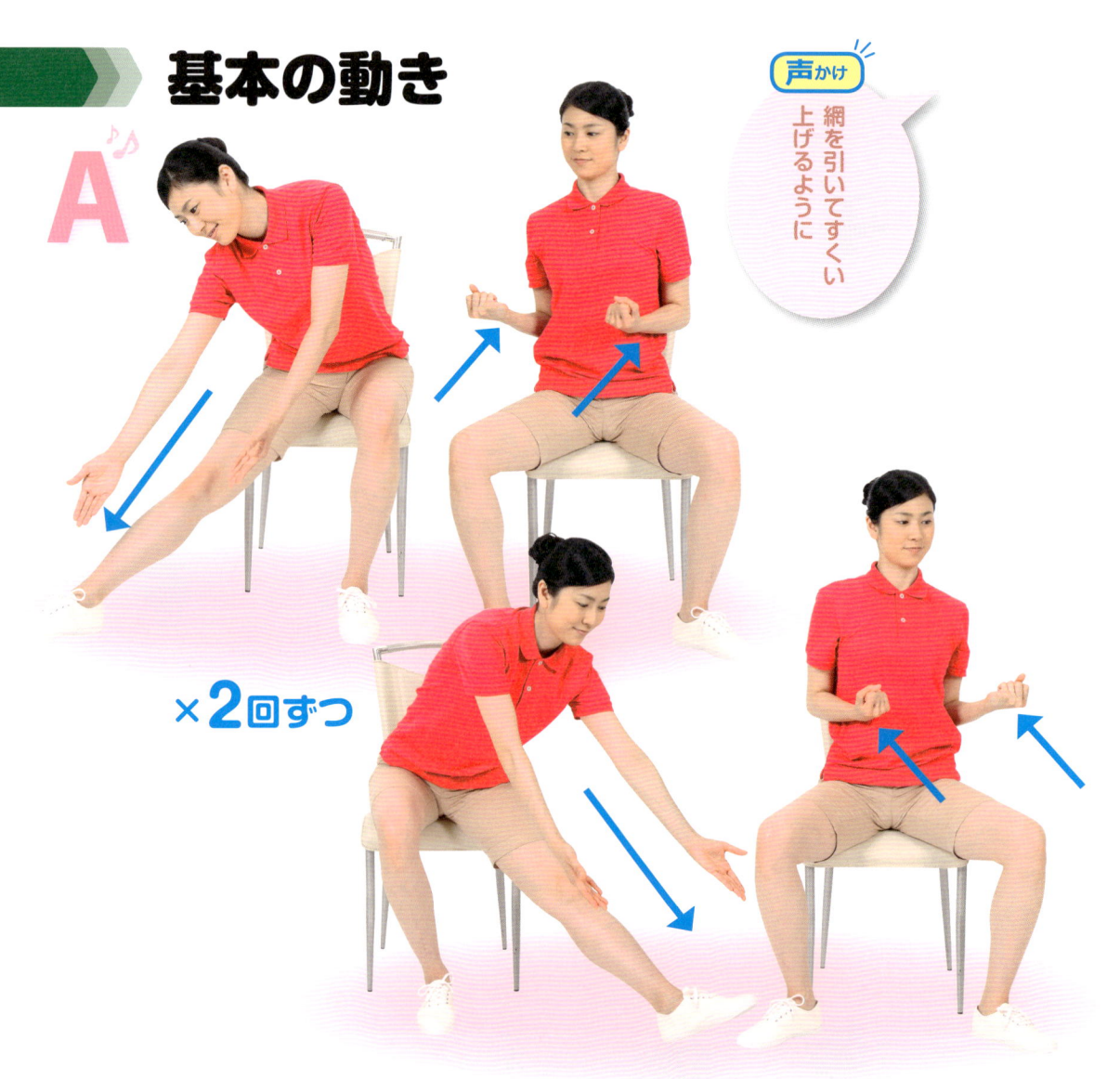

A♪

声かけ
網を引いてすくい上げるように

×2回ずつ

両手ですくい上げる動作
右から2回ずつ足を伸ばして
両手で下からすくい上げる

①番

A 村の鎮守の　　神様の　　　　今日はめでたい　御祭日

B どんどんひゃらら　どんひゃらら　　どんどんひゃらら　どんひゃらら

C 朝から　D 聞える　C 笛　D 太鼓

② 故郷のうた　▼体をスムーズに動かす体操③　──　村祭

B ♪

声かけ：太鼓を打ち鳴らしてドンドンドン

交互に**2回ずつ**

ひじを曲げて手の甲を前に向ける
左から交互に4回ずつ
ひじを曲げて太鼓をたたく動作

C ♪

×2回

声かけ：力士が塩をまくように

下から大きく両手を回す
下から両手をクロスさせながら
回して次の「押忍（おす）」の動作につなげる

D ♪

声かけ：かっこよく構えるように押忍（おす）！

×2回

力強くひじを引いて「押忍」のポーズ
下から回した両手を後ろに力強く引いて
最後は「押忍」のポーズ

ひと目でわかる！ 「村祭」体操の流れ

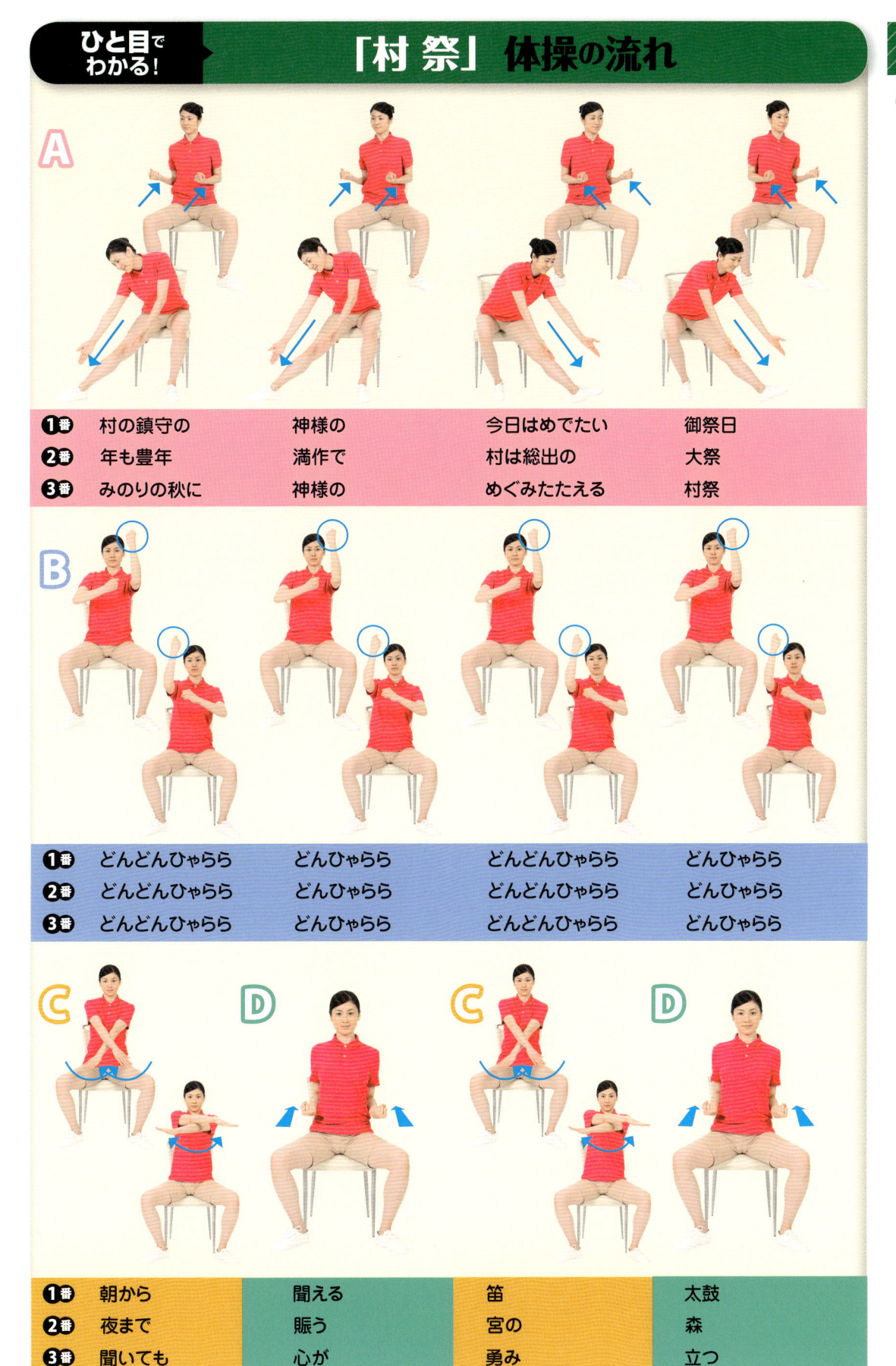

② 故郷のうた ▶体をスムーズに動かす体操③ ── 村祭

A

❶番 村の鎮守の	神様の	今日はめでたい	御祭日
❷番 年も豊年	満作で	村は総出の	大祭
❸番 みのりの秋に	神様の	めぐみたたえる	村祭

B

❶番 どんどんひゃらら	どんひゃらら	どんどんひゃらら	どんひゃらら
❷番 どんどんひゃらら	どんひゃらら	どんどんひゃらら	どんひゃらら
❸番 どんどんひゃらら	どんひゃらら	どんどんひゃらら	どんひゃらら

C　D　C　D

❶番 朝から	聞える	笛	太鼓
❷番 夜まで	賑う	宮の	森
❸番 聞いても	心が	勇み	立つ

3 人生・家族のうた

▶▶▶ 収録曲

体をほぐす体操①
1 かあさんの歌
（約2分）

体をほぐす体操②
2 上を向いて歩こう
（約2分半）

体の芯をつくる体操③
5 雨降りお月（※タオル使用）
（約2分）

体をスムーズに動かす体操①
6 手のひらを太陽に
（約2分）

■ DVDおすすめ選曲
下記のプログラムはDVDチャプターで選択できます。

A 約6分半
〜血流を促し身体を温める〜
❶ 上を向いて歩こう　❷ 大きな古時計
❸ 手のひらを太陽に

B 約6分
〜頭をスッキリ〜
❶ かあさんの歌　❷ 冬の夜
❸ 幸せなら手をたたこう

C 約6分
〜腕や肩を軽やかに〜
❶ かあさんの歌　❷ 雨降りお月
❸ 三百六十五歩のマーチ

D 約6分半
〜心も身体もリラックス〜
❶ 上を向いて歩こう　❷ 幸せなら手をたたこう
❸ 三百六十五歩のマーチ

体の芯をつくる体操①
3 大きな古時計
（約2分）

体の芯をつくる体操②
4 冬の夜
（約2分）

体をスムーズに動かす体操②
7 幸せなら手をたたこう
（約2分）

体をスムーズに動かす体操③
8 三百六十五歩のマーチ
（約2分）

体操は次のページからはじまります

体をほぐす体操①

かあさんの歌

作詞・作曲：窪田 聡

時間 約2分　**運動量** ★★☆

DVD 3-❶　CD 17

体操の効果
腕の筋肉を中心にほぐします
肩や腕、手の筋肉をほぐしましょう。また足を大きく動かして内ももを伸ばし、足裏にも刺激を入れます。

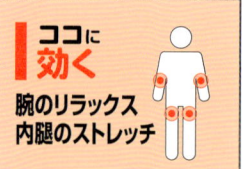

ココに効く
腕のリラックス
内腿のストレッチ

基本の動き

A♪

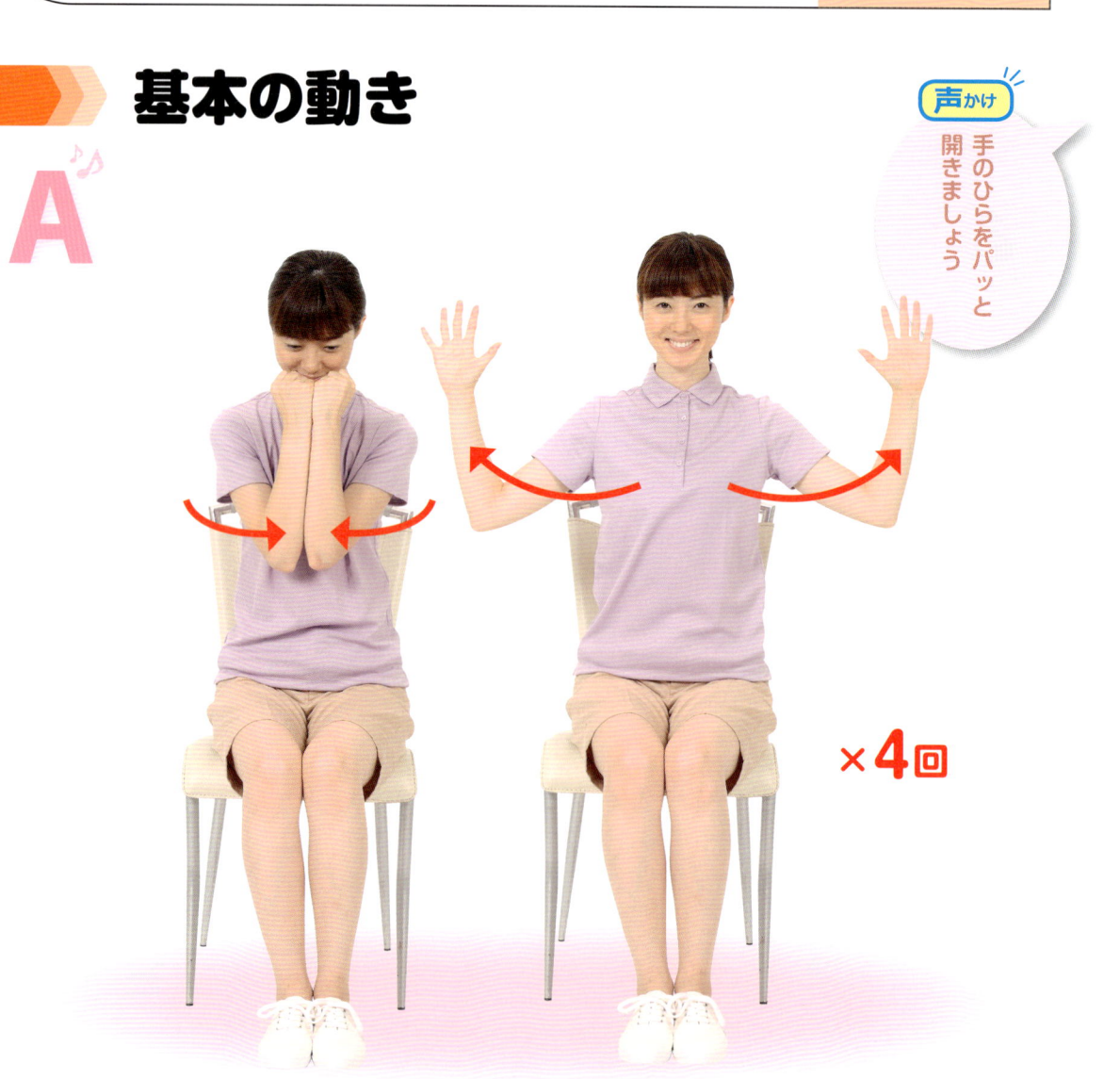

声かけ：手のひらをパッと開きましょう

×4回

閉じて開いてを4回繰り返す
顔の前でひじをつけて腕を閉じてから
左右に広げる動作を4回繰り返す

①番

A かあさんは夜なべをして　　　手ぶくろあんでくれた

B こがらし吹いちゃ冷たかろうて　　　せっせとあんだだよ

C ふるさとの便りはとどく　**D** いろりのにおいがした

B ♪

❸ 人生・家族のうた

▼体をほぐす体操① ── かあさんの歌

声かけ：手の平や甲をスリスリさすりましょう

手のひらや甲をさする
左右の手のひらや手の甲を
暖めるように何度もさする

C♪

声かけ
肩から腕にかけて
なで下ろしましょう

×4回

クロスした手をなで下ろす
手を胸の前でクロスし
なで下ろす動作を4回繰り返す

D♪♪

声かけ
「よくできました」と
〇を描きましょう

足で大きな円を描く
両足を使って外回しで
大きな円を1回描く

ひと目でわかる！「かあさんの歌」体操の流れ

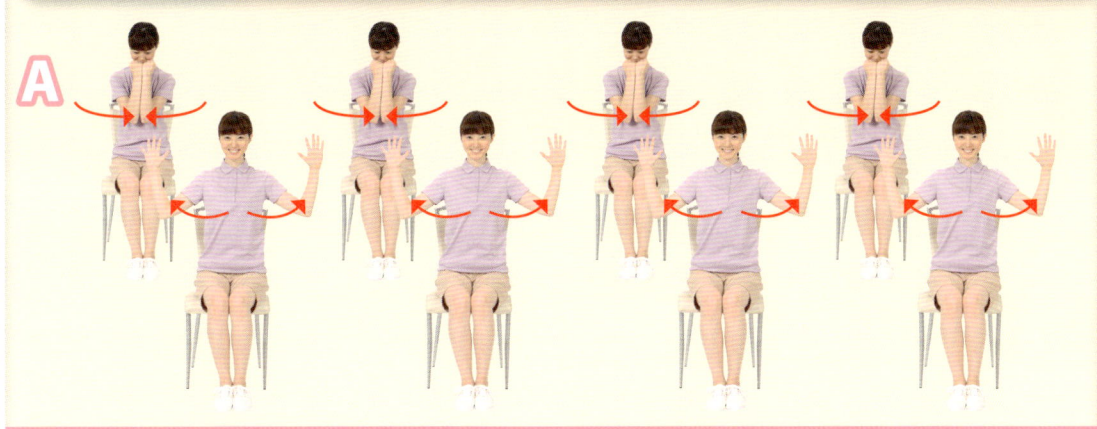

A

❶番	かあさんは夜なべをして　　手ぶくろあんでくれた
❷番	かあさんは麻糸つむぐ　　　一日つむぐ
❸番	かあさんのあかぎれ痛い　　生みそをすりこむ

B

❶番	こがらし吹いちゃ冷たかろうて　　せっせとあんだだよ
❷番	おとうは土間でわらうち仕事　　　お前もがんばれよ
❸番	根雪もとけりゃもうすぐ春だで　　畑が待ってるよ

C　×4回

D

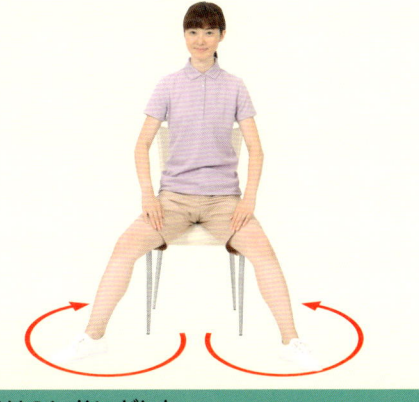

❶番	ふるさとの便りはとどく　　　いろりのにおいがした
❷番	ふるさとの冬はさみしい　　　せめてラジオ聞かせたい
❸番	小川のせせらぎが聞こえる　　なつかしさがしみとおる

③ 人生・家族のうた　▼体をほぐす体操①　──　かあさんの歌

体をほぐす体操②

時間 約2分半　**運動量** ★★★

上を向いて歩こう

作詞：永　六輔　作曲：中村八大

DVD 3-❷　CD 18

体操の効果

股関節をほぐして足をなめらかにします

股関節まわりの筋肉をほぐして、足をなめらかに動かしましょう。また指を動かすことで上半身もほぐれます。

ココに効く
下半身の柔軟性アップ
太もものストレッチ

基本の動き

A♪

声かけ
筋肉をほぐすつもりで片足ずつ開きます

❶　❷
❸　❹

足を順番に開いて閉じる
左足開く、右足開く、左足閉じる
右足閉じるの順で2回繰り返す

1番

| A | 上を向いて　　　歩こう | B | 涙が　　　こぼれないように |
| C | 思い出す　　　春の日 | D | 一人ぼっちの夜 |

③ 人生・家族のうた

体をほぐす体操② ― 上を向いて歩こう

B ♪

声かけ
涙を流すイメージで指先と手首をヒラヒラさせましょう

細かく速く指先を動かす

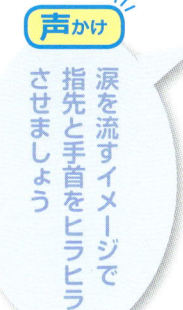

顔の前で指先をヒラヒラ動かす
指先を細かく速く動かすことを
意識して顔の前でヒラヒラさせる

C ♪

声かけ：片足ずつかかとで床をトン！

交互に**2回ずつ**

片足ずつ前に出して引っ込める
左足から交互に2回ずつ
前に出して引っ込める

D ♪♪

声かけ：足裏で床に大きな円をつくりましょう

片足ずつで円を描く
左足から左右1回ずつ床に
円を描くように足を動かす

ひと目でわかる！「上を向いて歩こう」体操の流れ

A / B

❶番	上を向いて	歩こう	涙が こぼれないように
❷番	上を向いて	歩こう	にじんだ 星をかぞえて
❸番	上を向いて	歩こう	涙が こぼれないように
❺番	上を向いて	歩こう	涙が こぼれないように

C / D

❶番	思い出す	春の日	一人ぼっちの夜
❷番	思い出す	夏の日	一人ぼっちの夜
❸番	泣きながら	歩く	一人ぼっちの夜
❹番	思い出す	秋の日	一人ぼっちの夜
❺番	泣きながら	歩く	一人ぼっちの夜　一人ぼっちの夜

C

❶番				
❷番	幸せは	雲の上に	幸せは	空の上に
❸番				
❹番	悲しみは	星のかげに	悲しみは	月のかげに
❺番				

❸ 人生・家族のうた

▼体をほぐす体操② ── 上を向いて歩こう

体の芯をつくる体操①

大きな古時計

作詞：保富康午　作曲：ヘンリー・C・ワーク

時間　約2分
運動量　★★☆
DVD 3-3
CD 19

体操の効果

体幹を安定させたまま体操をしましょう
お腹周りを引き締めて、上半身の動きをしっかりおこないます。
お尻を安定させて、背すじも伸ばしましょう。

ココに効く
体幹の引き締め
姿勢の安定

基本の動き

A ♪

声かけ
背すじを伸ばして
お辞儀します

×4回

背すじを伸ばして4回お辞儀
体の芯を意識して背すじを伸ばし
リズムに合わせて4回お辞儀をする

①番

A 大きなのっぽの　　古時計　　　　おじいさんの　　　時計

B 百年いつも　　　　動いていた　　　ご自慢の　　　　　時計さ

C おじいさんの　　　生まれた朝に　　買ってきた　　　　時計さ

C いまはもう動かない　その時計

D 百年やすまずに　　チクタクチクタク　おじいさんといっしょに チクタクチクタク

C いまはもう動かない　その時計

③ 人生・家族のうた

▼体の芯をつくる体操①　──　大きな古時計

B ♪♪

4往復

声かけ: 振り子時計のように ボ〜ン、ボ〜ンと左右に動きます

上半身を左右に4往復揺らす
体を芯を保ったまま左から4往復
上半身を左右に揺らす

C♪

声かけ：ねじまきのように体をピンとさせて大きく回します

一周半を交互に
2回ずつ

上半身で1周半の円を描く
反時計回りからはじめて交互に
1周半ずつ上半身で円を描く

D♪

声かけ：時計の針のようにチクタクチクタク

交互に
2回ずつ

片方の腕ずつ横に開いて閉じる
左腕から交互に2回ずつ
腕を肩の高さまで開いて閉じる

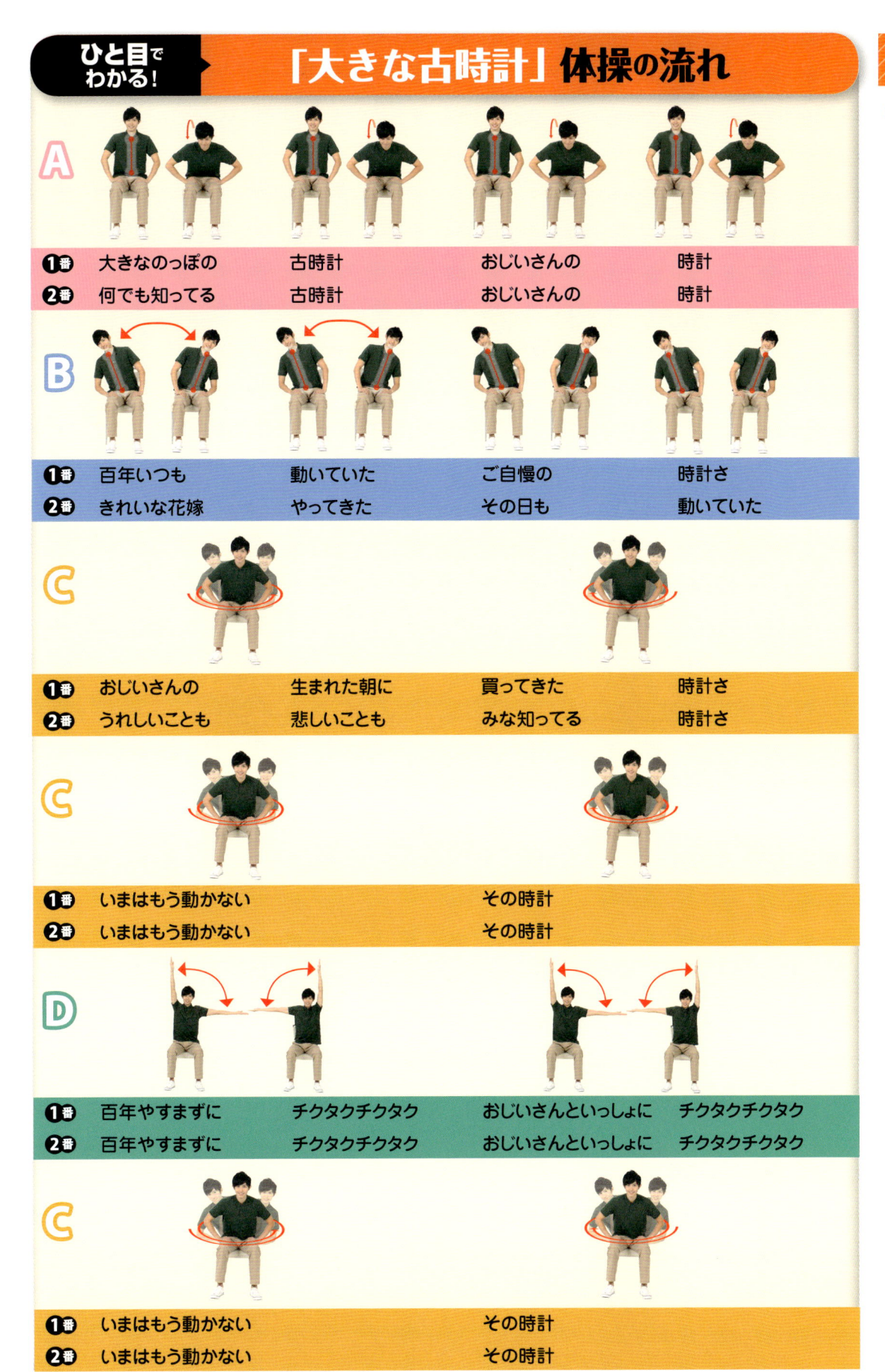

ひと目でわかる！「大きな古時計」体操の流れ

③ 人生・家族のうた ▶ 体の芯をつくる体操① ― 大きな古時計

A
- **①番** 大きなのっぽの　古時計　　おじいさんの　時計
- **②番** 何でも知ってる　古時計　　おじいさんの　時計

B
- **①番** 百年いつも　　　動いていた　　ご自慢の　　時計さ
- **②番** きれいな花嫁　　やってきた　　その日も　　動いていた

C
- **①番** おじいさんの　　生まれた朝に　買ってきた　時計さ
- **②番** うれしいことも　悲しいことも　みな知ってる　時計さ

C
- **①番** いまはもう動かない　　その時計
- **②番** いまはもう動かない　　その時計

D
- **①番** 百年やすまずに　チクタクチクタク　おじいさんといっしょに　チクタクチクタク
- **②番** 百年やすまずに　チクタクチクタク　おじいさんといっしょに　チクタクチクタク

C
- **①番** いまはもう動かない　　その時計
- **②番** いまはもう動かない　　その時計

体の芯をつくる体操②

冬の夜

文部省唱歌

時間 約2分　運動量 ★★★

DVD 3-④　CD 20

体操の効果

手足を動かしてもブレない体幹をつくります

左右の手足で違う動きをしながら、それに負けない体幹をつくります。背すじから指先までしっかり伸ばしましょう。

ココに効く 体幹の筋力アップ

基本の動き

A

声かけ：つま先を交互に床にトンとつけます

交互に **2**回ずつ

つま先を交互に床につける
左足から交互に2回ずつ
かかとを上げてつま先を床につける

左右1回ずつ足を開いて閉じる
手をクロスさせてから片足ずつ
かかとを上げたまま横に広げる

1番

A ともし火ちかく　きぬ縫う母は　**B** 春の遊びの　楽しさ語る

C 居並ぶ子どもは　指を折りつつ　日数かぞえて　喜び勇む

D 囲炉裏火はとろとろ　外は吹雪

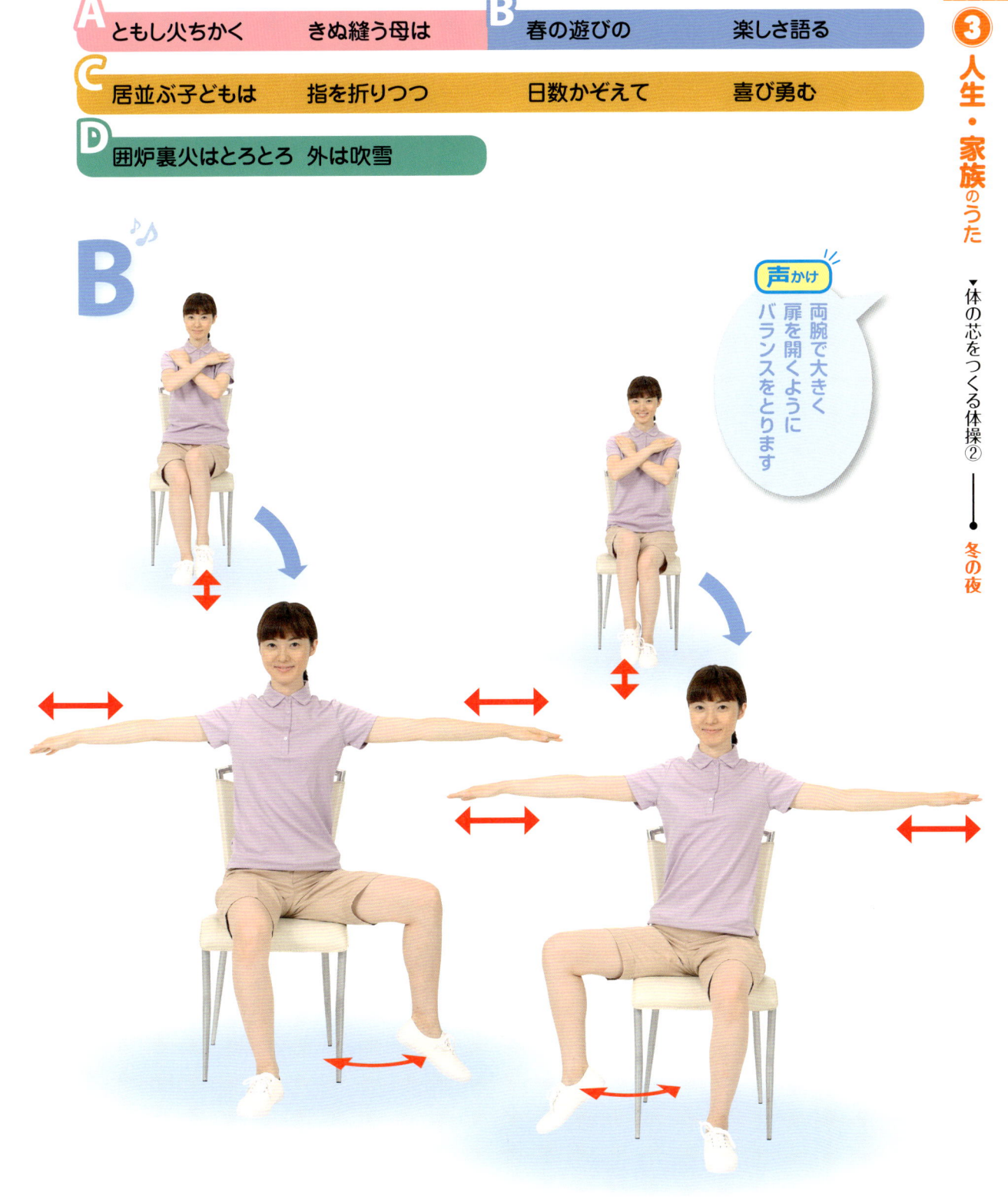

③ 人生・家族のうた

体の芯をつくる体操②　── 冬の夜

B ♪

声かけ：両腕で大きく扉を開くようにバランスをとります

左右1回ずつ足を開いて閉じる
手をクロスさせてから片足ずつ
かかとを上げたまま横に広げる

C ♪

交互に4回ずつ

> 足だけ小さな扉を開けるようなイメージで
声かけ

足を開いてひざに手を置く
手をクロスさせてから左足から横に開いて
ひざに手を置く動作を交互に4回ずつ

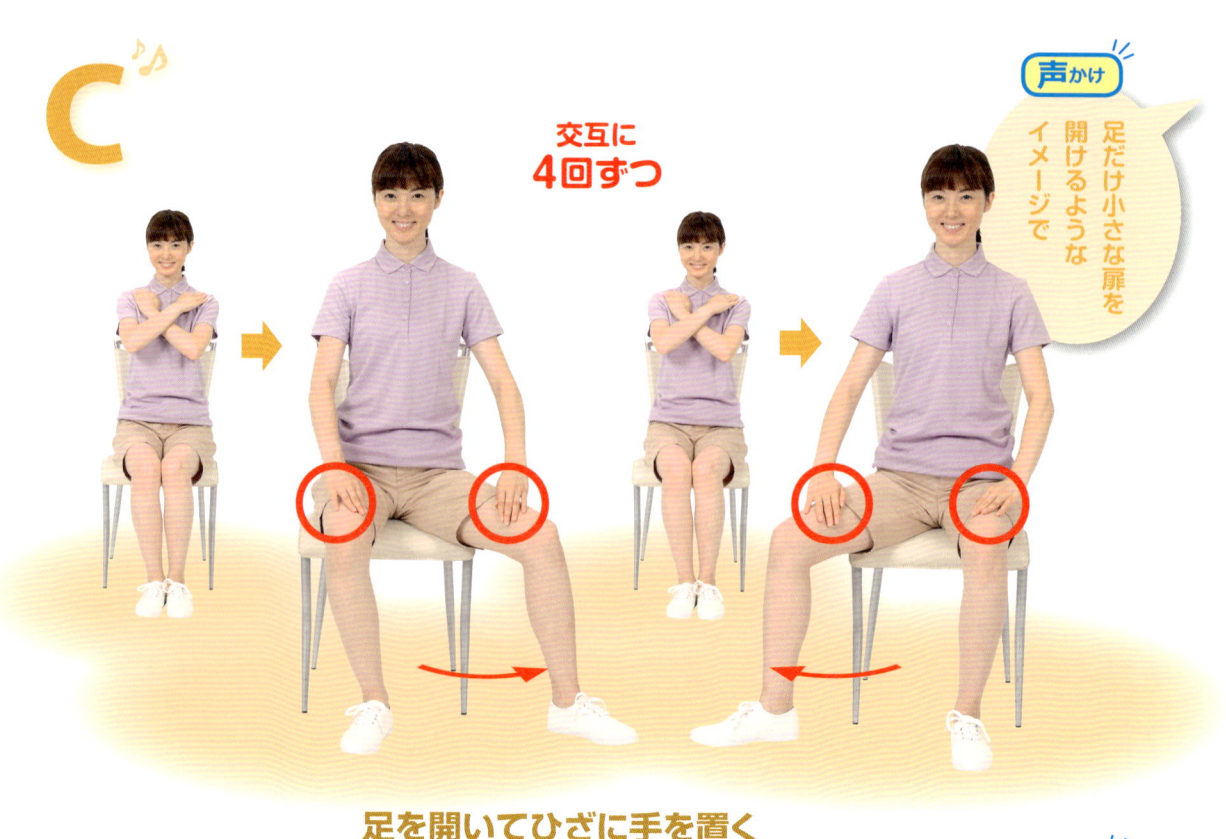

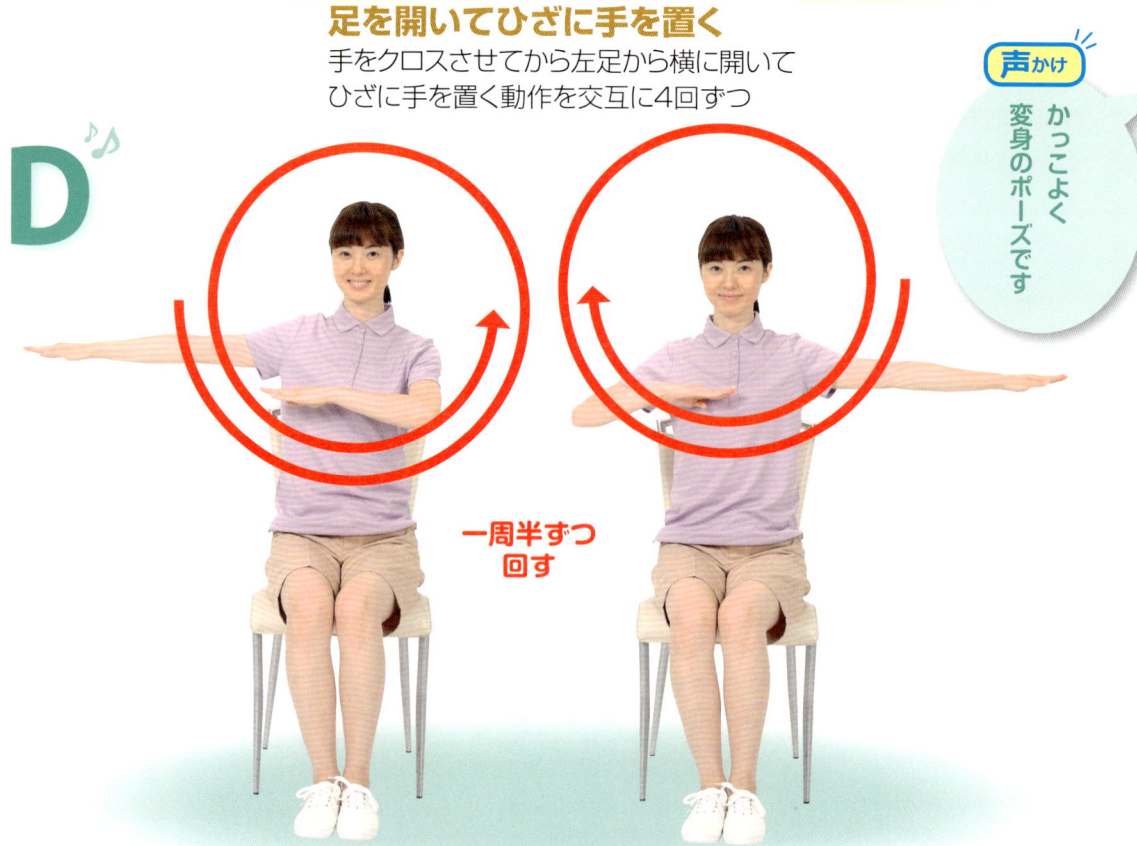

D ♪

一周半ずつ回す

> かっこよく変身のポーズです
声かけ

両手を1周半回して横に伸ばす
両手を1周半反時計回りから
回して最後は横に伸ばす

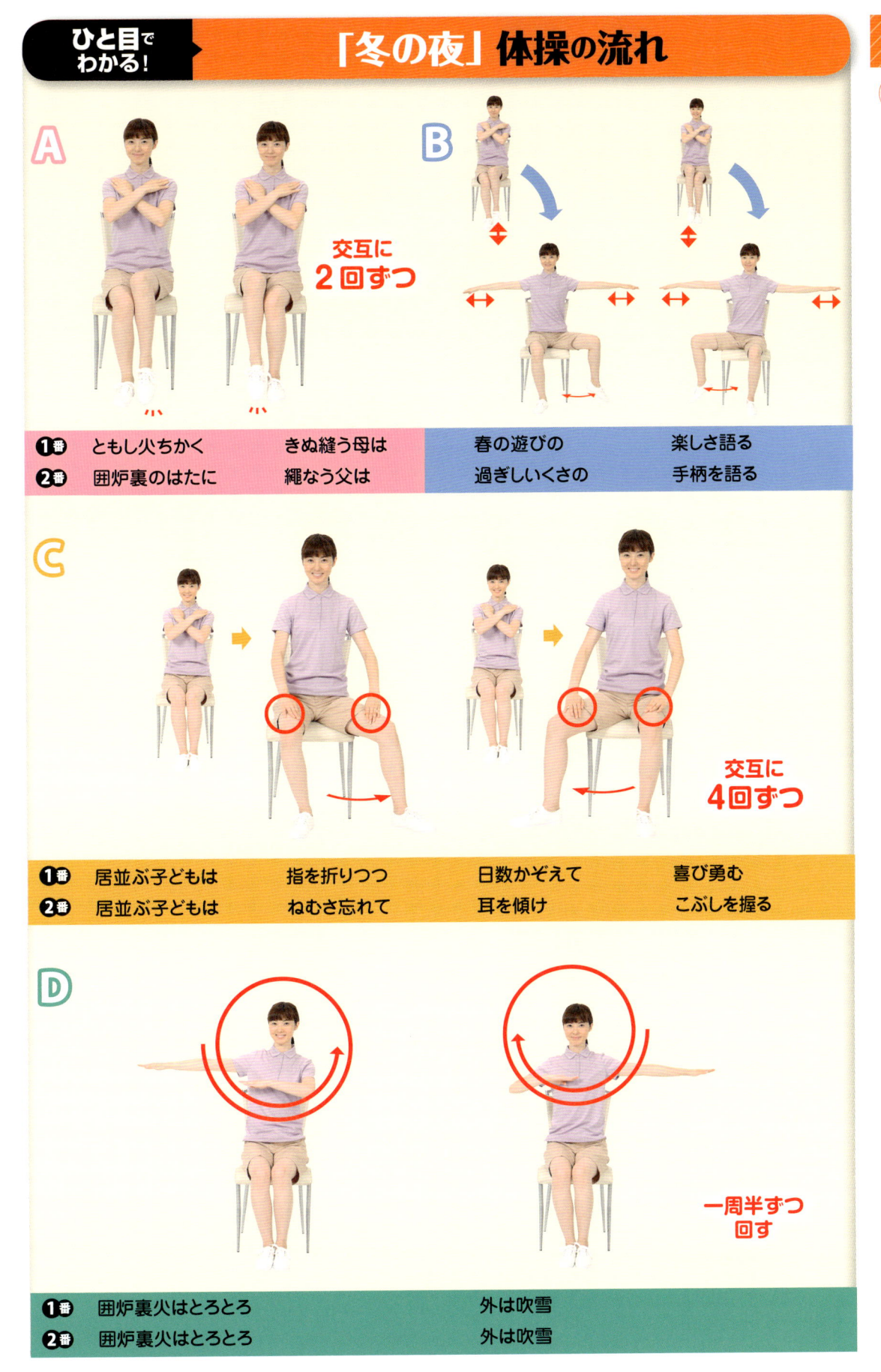

ひと目でわかる！「冬の夜」体操の流れ

A
交互に2回ずつ

	1番	2番
❶番	ともし火ちかく	きぬ縫う母は
❷番	囲炉裏のはたに	縄なう父は

B

| ❶番 | 春の遊びの | 楽しさ語る |
| ❷番 | 過ぎしいくさの | 手柄を語る |

C
交互に4回ずつ

| ❶番 | 居並ぶ子どもは | 指を折りつつ | 日数かぞえて | 喜び勇む |
| ❷番 | 居並ぶ子どもは | ねむさ忘れて | 耳を傾け | こぶしを握る |

D
一周半ずつ回す

| ❶番 | 囲炉裏火はとろとろ | 外は吹雪 |
| ❷番 | 囲炉裏火はとろとろ | 外は吹雪 |

③ 人生・家族のうた　▼体の芯をつくる体操②——冬の夜

体の芯をつくる体操③

雨降りお月

時間 約2分 / 運動量 ★★★

DVD ▶3-⑤　CD ▶21

作詞：野口雨情　作曲：中山晋平

使うもの：タオル

体操の効果

タオルを使って上半身を鍛えます
タオルを引くことで、肩や腕、背中の筋肉が鍛えられます。しっかり息を吐いておこないましょう。

ココに効く 上半身の筋力アップ

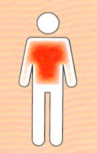

A♪ 基本の動き

ここからスタート

声かけ：体がブレないように息をしっかり吐きましょう

4往復

頭の上で腕を振る
肩は動かさずに腕を動かし
右方向から振り始めて左右に4往復

1番

A 雨降りお月さん　　雲のかげ　　　　　お嫁にゆくときゃ　　誰と行く

B 一人でからかさ　　さして行く　　　　からかさないときゃ　　誰とゆく

C シャラシャラシャンシャン　鈴つけた　　**D** お馬にゆられて　　ぬれて行く

3 人生・家族のうた

▼体の芯をつくる体操③ ── 雨降りお月

B ♪

声かけ：タオルがピンと張ったまま、大きな円を描きましょう

一周半ずつ回す

腕を伸ばして円を描く
左横から反時計回りに1周半回したら
今度は逆回転で1周半回す

C ♪♪

声かけ：手首にタオルをクルクル巻き付けましょう

タオルを巻きのばし
手首や肩をリラックスさせて
ゆっくりと1往復させる

D ♪♪

声かけ：わきを締めて左右へ強く引っ張ります

2回引っ張る

タオルで手首の運動
体の芯を動かさないように意識しながら
タオルを巻き最後は左右に2回引っ張る

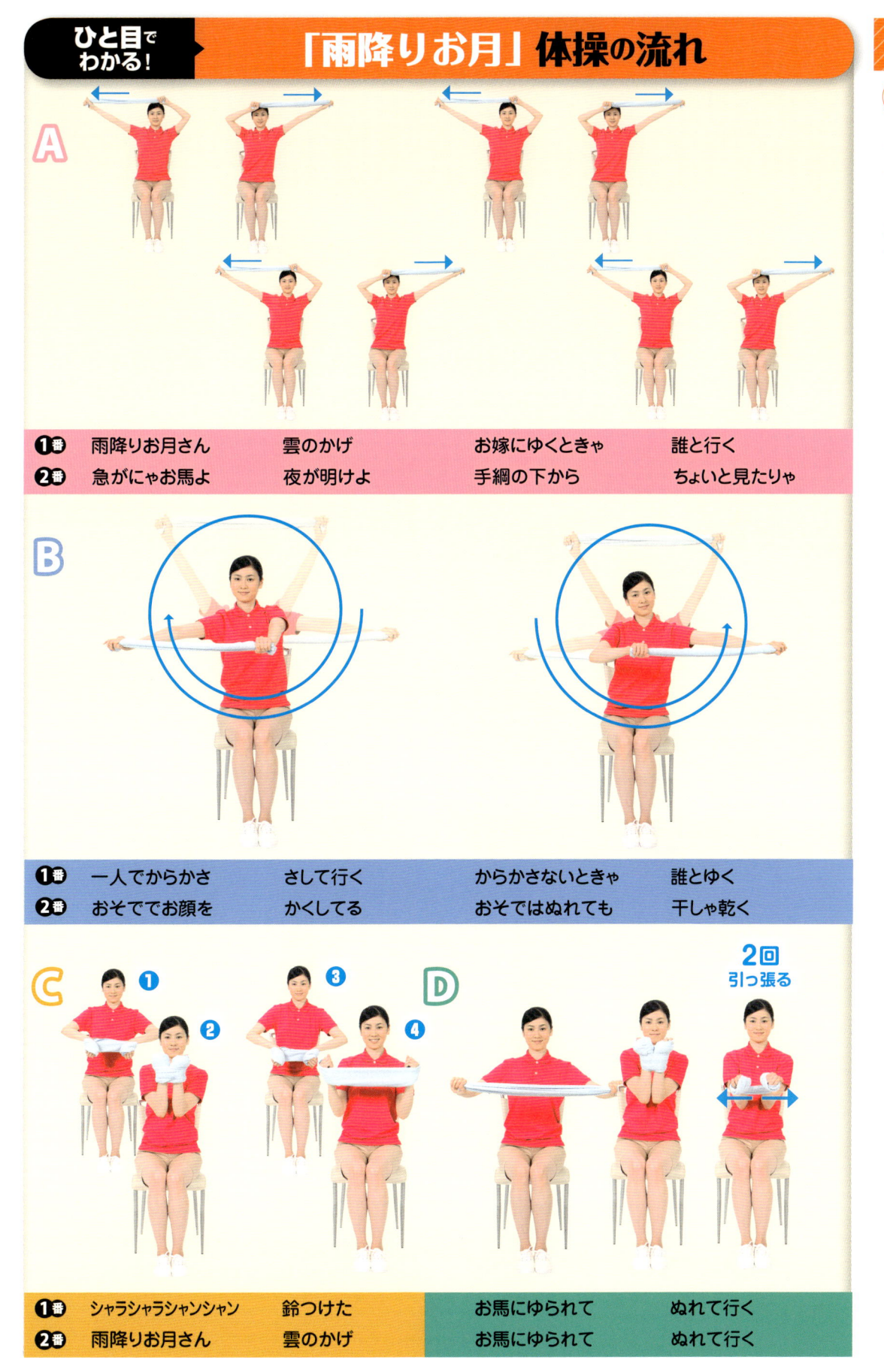

ひと目でわかる！「雨降りお月」体操の流れ

③ 人生・家族のうた ▼体の芯をつくる体操③ ── 雨降りお月

A

❶番	雨降りお月さん	雲のかげ	お嫁にゆくときゃ	誰と行く
❷番	急がにゃお馬よ	夜が明けよ	手綱の下から	ちょいと見たりゃ

B

❶番	一人でからかさ	さして行く	からかさないときゃ	誰とゆく
❷番	おそででお顔を	かくしてる	おそではぬれても	干しゃ乾く

C   ## D
2回引っ張る

❶番	シャラシャラシャンシャン	鈴つけた	お馬にゆられて	ぬれて行く
❷番	雨降りお月さん	雲のかげ	お馬にゆられて	ぬれて行く

体をスムーズに動かす体操①

時間 約2分　**運動量** ★★★

手のひらを太陽に

作詞：やなせたかし　作曲：いずみたく

DVD 3-6　CD 22

体操の効果　動きにメリハリをつけて元気よく
曲調に合わせて体を大きく元気よく動かしましょう。一つひとつの動きにメリハリをつけることを意識しましょう。

ココに効く
血行促進
肩まわりの筋力アップ

声かけ：元気よく腕をエイエイオーと突き上げましょう

基本の動き

A♪

交互に4回ずつ

片方の腕を突き上げる
左手から左右交互に
4回ずつ突き上げる

❶番

A ぼくらはみんな　　生きている　　　　生きているから　　　歌うんだ

A ぼくらはみんな　　生きている　　　　生きているから　　　かなしいんだ

B 手のひらを太陽に　すかしてみれば　　まっかに流れる　　　ぼくの血潮

C ミミズだって　　　オケラだって　　　アメンボだって

D みんなみんな　　　生きているんだ　　友だちなんだ

❸ 人生・家族のうた

▼体をスムーズに動かす体操① ── 手のひらを太陽に

B ♪

交互に4回ずつ

声かけ：足と手を一緒に前に出し、指先まで伸ばします

手と逆の足を交互に前へ出す
左手右足の組み合わせから左右交互に
4回ずつ手と足を前に出す

95

C ♪

声かけ：モゾモゾと体から指先まで動かしましょう

もじゃもじゃ

肩から大きく両手を動かす
肩を大きく動かすことを意識しながら胸の前で両手をもじゃもじゃ動かす

D ♪

声かけ：みんなを連れてドライブに出かけましょう

4回入れ替える

両手を伸ばして回す
ハンドルを持つように両手を伸ばして左右の手の上下を4回入れ替える

ひと目でわかる！「手のひらを太陽に」体操の流れ

③ 人生・家族のうた

▼体をスムーズに動かす体操① — 手のひらを太陽に

A

| ❶番 | ぼくらはみんな | 生きている | 生きているから | 歌うんだ |
| ❷番 | ぼくらはみんな | 生きている | 生きているから | 笑うんだ |

A

| ❶番 | ぼくらはみんな | 生きている | 生きているから | かなしいんだ |
| ❷番 | ぼくらはみんな | 生きている | 生きているから | うれしいんだ |

B

| ❶番 | 手のひらを太陽に | すかしてみれば | まっかに流れる | ぼくの血潮 |
| ❷番 | 手のひらを太陽に | すかしてみれば | まっかに流れる | ぼくの血潮 |

C

| ❶番 | ミミズだって | オケラだって | アメンボだって |
| ❷番 | トンボだって | カエルだって | ミツバチだって |

D

| ❶番 | みんなみんな | 生きているんだ | 友だちなんだ |
| ❷番 | みんなみんな | 生きているんだ | 友だちなんだ |

体をスムーズに動かす体操②

時間 約2分 **運動量** ★★☆ DVD 3-7 CD 23

幸せなら手をたたこう

作詞：きむらりひと　原曲：スペイン民謡

体操の効果

手をたくさん動かし脳を活性化させます
じゃんけんの手をくり返しながら、体のいろんな部位をたたいて音を出してみましょう。

ココに効く
手先を器用にする
脳トレ

▶ 基本の動き

A ♪

グー

チョキ

パー

声かけ
グーチョキパー
グーチョキパー

グー、チョキ、パーを交互に
ひじを曲げて両手を顔の横に持ってきて
グー、チョキ、パーを交互に出す

① 番

A	幸せなら	手をたたこう	B	ポンポン（※手をたたく）
A	幸せなら	手をたたこう	B	ポンポン（※手をたたく）
A	幸せなら	態度でしめそうよ		
A	ほら　みんなで	手をたたこう	B	ポンポン（※手をたたく）

③ 人生・家族のうた

▼体をスムーズに動かす体操②──幸せなら手をたたこう

B ♪♪

声かけ　両手鳴らして　パンパン

パンパン

元気よく両手をたたく
体の芯を意識しながら
元気よく両手を2回たたく

C

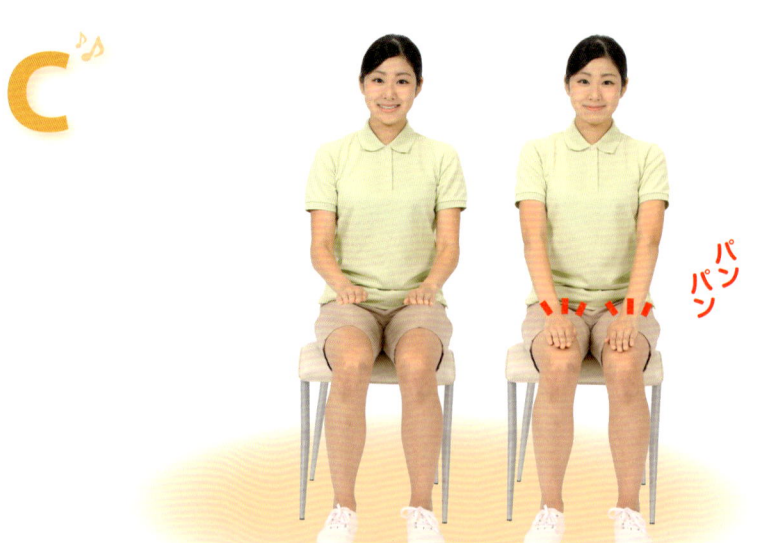

声かけ: 太ももを両手でパンパンたたきます

元気よく太ももをたたく
体の芯を意識しながら太ももを2回たたく

D

声かけ: 肩を両腕でトントン

手をクロスさせて肩をたたく
最初は左手で右肩、2回目は右手で左肩、最後は両手をクロスさせて肩を2回たたく

E

声かけ: ほっぺを両手でチョンチョン

両手で頬を2回たたく
背すじを伸ばしたまま頬を2回たたく

ひと目でわかる！「幸せなら手をたたこう」体操の流れ

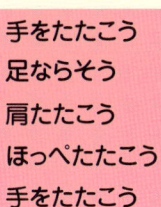

③ 人生・家族のうた

▼体をスムーズに動かす体操② ― 幸せなら手をたたこう

A

B〜E
※歌詞の部位をたたく

❶番 幸せなら	手をたたこう	ポンポン（※手をたたく）
❷番 幸せなら	足ならそう	ポンポン（※足をたたく）
❸番 幸せなら	肩たたこう	ポンポン（※肩をたたく）
❹番 幸せなら	ほっぺたたこう	ポンポン（※ほっぺたたこう）
❺番 幸せなら	手をたたこう	ポンポン（※手をたたく）

B〜E
※歌詞の部位をたたく

❶番 幸せなら	手をたたこう	ポンポン（※手をたたく）
❷番 幸せなら	足ならそう	ポンポン（※足をたたく）
❸番 幸せなら	肩たたこう	ポンポン（※肩をたたく）
❹番 幸せなら	ほっぺたたこう	ポンポン（※ほっぺたたこう）
❺番 幸せなら	手をたたこう	ポンポン（※手をたたく）

❶番 幸せなら	態度でしめそうよ
❷番 幸せなら	態度でしめそうよ
❸番 幸せなら	態度でしめそうよ
❹番 幸せなら	態度でしめそうよ
❺番 幸せなら	態度でしめそうよ

B〜E
※歌詞の部位をたたく

❶番 ほら　みんなで	手をたたこう	ポンポン（※手をたたく）
❷番 ほら　みんなで	足ならそう	ポンポン（※足をたたく）
❸番 ほら　みんなで	肩たたこう	ポンポン（※肩をたたく）
❹番 ほら　みんなで	ほっぺたたこう	ポンポン（※ほっぺたたこう）
❺番 ほら　みんなで	手をたたこう	ポンポン（※手をたたく）

体をスムーズに動かす体操③

時間 約2分 　**運動量** ★★★　**DVD** 3-8　**CD** 24

三百六十五歩のマーチ

作詞：星野哲郎　作曲：米山正夫

体操の効果

足を大きく動かして体をほぐします
前後左右や上下と積極的に足を動かすことが大切です。足を動かすことで血行が促進されて体もほぐれていきます。

ココに効く
血行促進
下半身の筋力アップ

基本の動き

A

声かけ
両手片足を広げて
あいさつするように

足を斜め前に出して両手を広げる
左足から左右交互に斜め前に出し
両手を広げる動作を4回ずつ繰り返す

※「三百六十五歩のマーチ」は、日本クラウン株式会社の専属楽曲のため、CDでは伴奏のみとなっています。

❶番

A	幸せは	歩いてこない	だから歩いて	行くんだね
A	一日一歩	三日で三歩	三歩進んで	二歩さがる
B	人生は	ワン・ツー・パンチ	汗かきべそかき	歩こうよ
C	あなたのつけた	足あとにゃ	きれいな花が	咲くでしょう
D	腕を振って	足をあげて	ワン・ツー・ワン・ツー	休まないで歩け

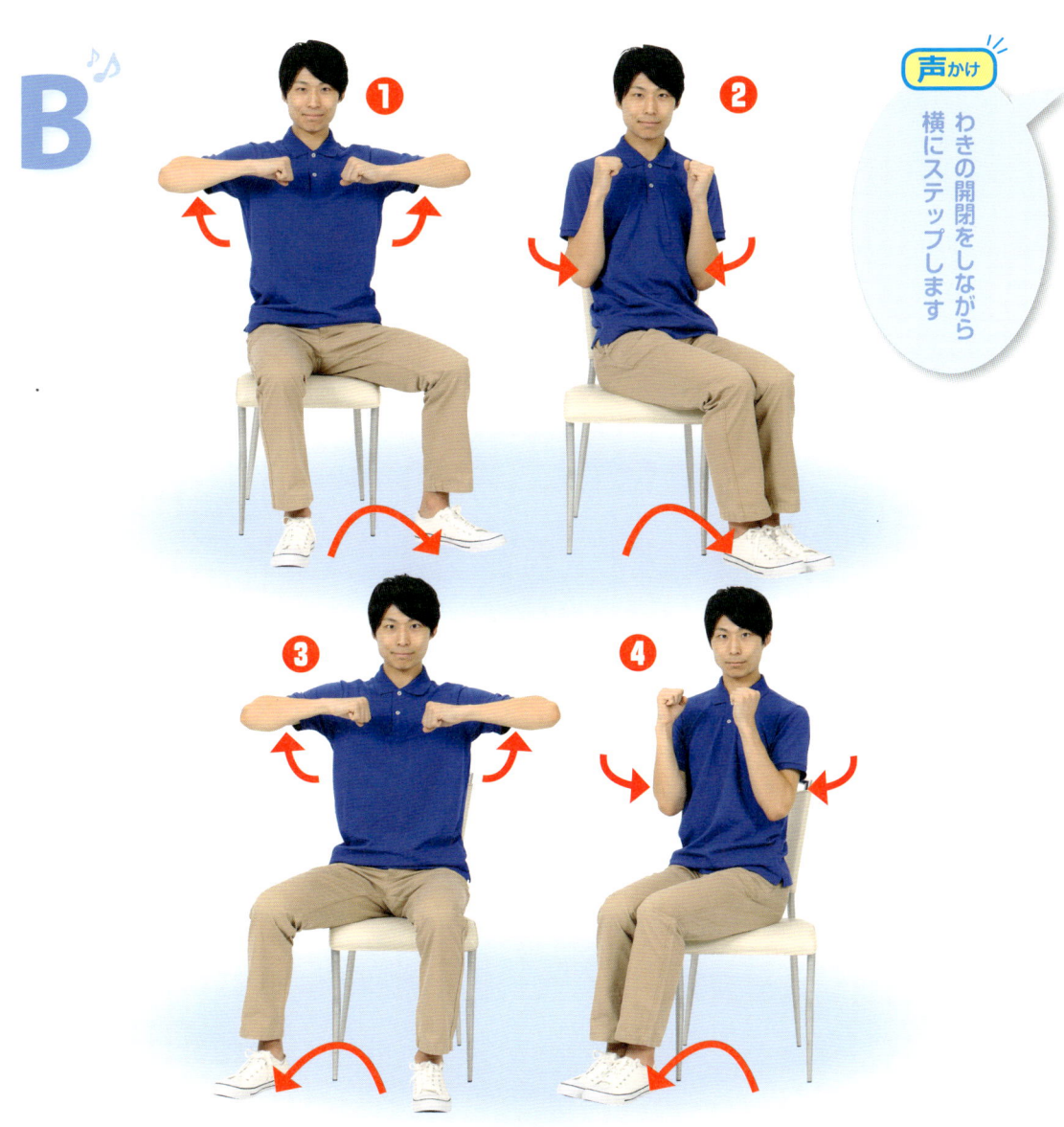

③ 人生・家族のうた

▼体をスムーズに動かす体操③ ── 三百六十五歩のマーチ

B ♪

❶ ❷

声かけ
わきの開閉をしながら横にステップします

❸ ❹

片足とわきを開いて閉じる
片足の開閉とわきの開閉を
左右交互に2回ずつおこなう

C ♪

片方の足にひじをつく
足を大きく開いて左足から
左右1回ずつひじをつく

声かけ：ひじをついて考えるポーズ

D ♪

4回ずつ

大きく足を踏み鳴らす
左足から4回ずつ床を鳴らすように
大きくその場で足踏みをする

声かけ：片足を床に力強くドンドン

ひと目でわかる！「三百六十五歩のマーチ」体操の流れ

3 人生・家族のうた
▼体をスムーズに動かす体操③ — 三百六十五歩のマーチ

A
❶番 幸せは	歩いてこない	だから歩いて	行くんだね
❷番 幸せの	とびらはせまい	だからしゃがんで	通るのね

A
❶番 一日一歩	三日で三歩	三歩進んで	二歩さがる
❷番 百日百歩	千日千歩	ままになる日も	ならぬ日も

B
❶番 人生は	ワン・ツー・パンチ	汗かきべそかき	歩こうよ
❷番 人生は	ワン・ツー・パンチ	あしたのあしたは	またあした

C
❶番 あなたのつけた	足あとにゃ	きれいな花が	咲くでしょう
❷番 あなたはいつも	新しい	希望の虹を	だいている

D
×4回　×4回

❶番 腕を振って足をあげて	ワン・ツー・ワン・ツー	休まないで	歩け
❷番 腕を振って足をあげて	ワン・ツー・ワン・ツー	休まないで	歩け

4 自然のうた

▶▶▶ 収録曲

体をほぐす体操①
1 赤とんぼ
（約1分半）

体をほぐす体操②
2 浜辺の歌
（約2分）

体の芯をつくる体操③
5 早春賦（※タオル使用）
（約2分半）

体をスムーズに動かす体操①
6 七つの子
（約1分半）

■ DVDおすすめ選曲
下記のプログラムはDVDチャプターで選択できます。

A　約6分半　～下半身をリラックス～
❶ 赤とんぼ　❷ 早春賦　❸ 牧場の朝

B　約5分半　～腰やヒザを軽やかに～
❶ 浜辺の歌　❷ 浜千鳥　❸ 星の界

C　約5分半　～全身をリラックス～
❶ 浜辺の歌　❷ 朧月夜　❸ 星の界

D　約4分半　～肩や背中を軽やかに～
❶ 朧月夜　❷ 浜千鳥　❸ 七つの子

体の芯をつくる体操①
3　浜千鳥（約1分半）

体の芯をつくる体操②
4　朧月夜（約1分半）

体をスムーズに動かす体操②
7　星の界（※タオル使用）（約2分）

体をスムーズに動かす体操③
8　牧場の朝（約2分半）

体操は次のページからはじまります ▶

体をほぐす体操①

時間 約1分半　**運動量** ★☆☆

赤とんぼ

作詞：三木露風　作曲：山田耕筰

DVD 4-①　CD 25

体操の効果

ひざや腰をマッサージするように体操します
気になるひざや腰などをゆっくりやさしくマッサージしましょう。
背骨の曲げ伸ばしもゆったりとおこないます。

ココに効く ひざや腰のリラックス

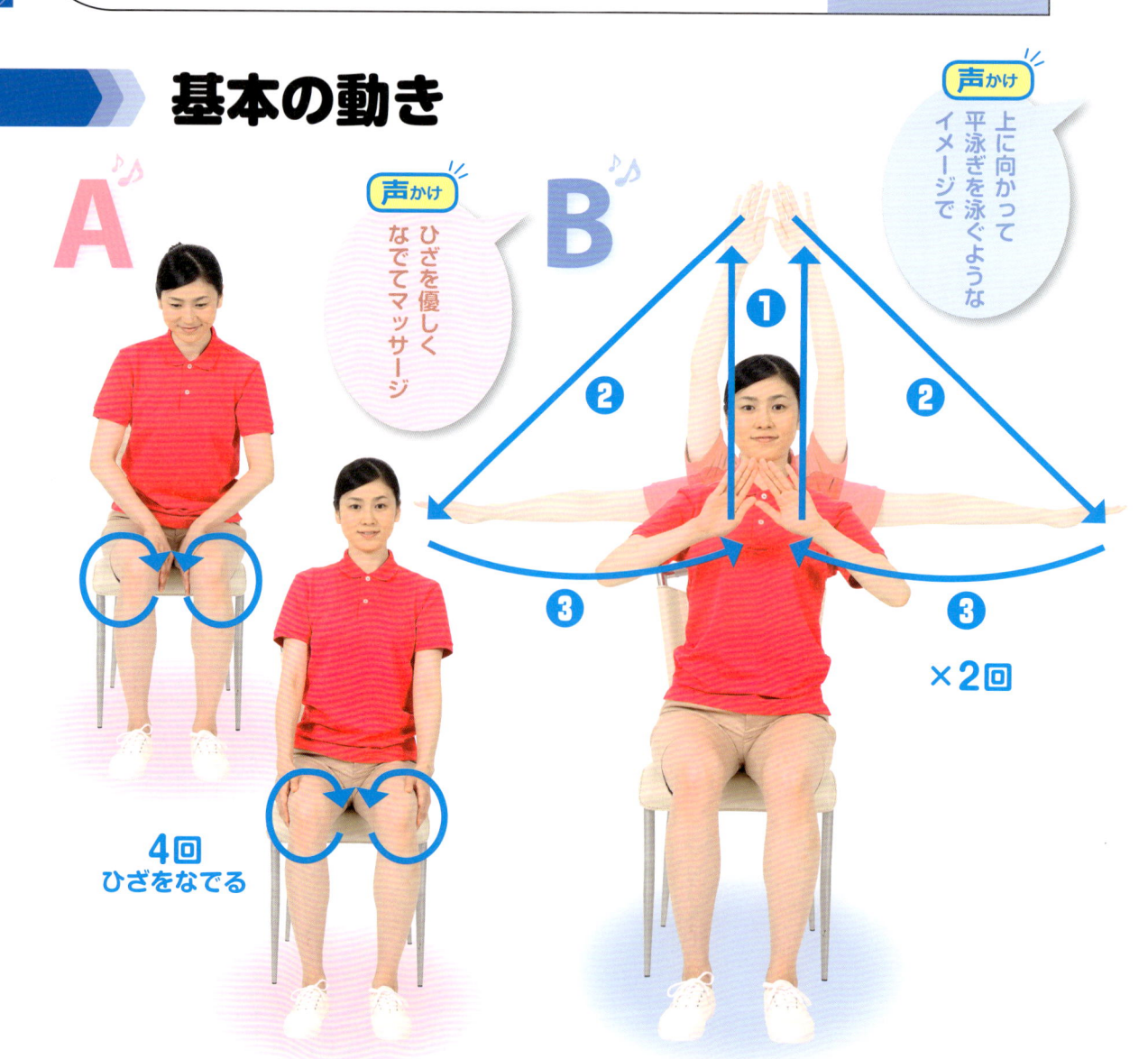

基本の動き

A
声かけ：ひざを優しくなでてマッサージ

4回 ひざをなでる

ひざの周りを内回しで4回なでる
両手でひざの周りを内回しで
4回優しくなでる

B
声かけ：上に向かって平泳ぎを泳ぐようなイメージで

①②③　×2回

腕を上げて大きな三角形をつくる
顔の前で大きな三角形をつくる
動作を2回繰り返す

❶番

A 夕焼け小焼けの　赤とんぼ　　**B** 負われて見たのは　いつの日か

C 山の畑の　桑の実を　　**D** おかごにつんだは　まぼろしか

❷番

A 十五でねえやは　嫁にいき　　**B** お里のたよりも　絶えはてた

C 夕焼け小焼けの　赤とんぼ　　**D** とまっているよ　竿の先

❹ 自然のうた ▼体をほぐす体操① ── 赤とんぼ

C ♪

声かけ：手の甲を使って腰をやさしくマッサージ

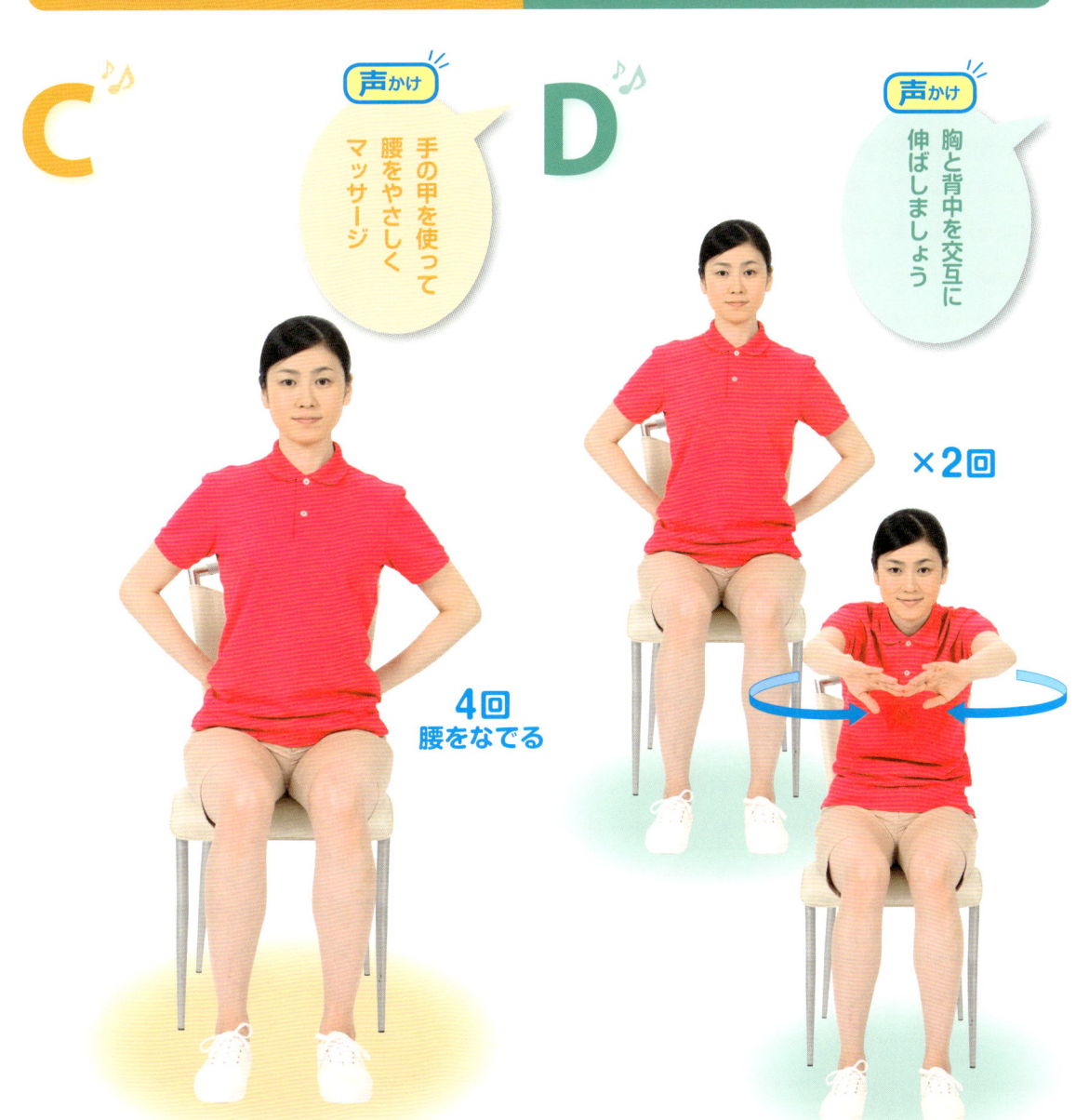

4回 腰をなでる

手の甲で腰をさする
腕を後ろに回して手の甲で腰を4回ゆっくりなでる

D ♪

声かけ：胸と背中を交互に伸ばしましょう

×2回

腕を前後に動かし体幹を伸ばす
腕を腰につけて胸側を伸ばし、腕を前にして背中側を伸ばす動作を2回繰り返す

109

体をほぐす体操②

浜辺の歌

作詞：林　古渓　作曲：成田為三

時間 約2分　**運動量** ★★☆

DVD 4-❷　CD 26

体操の効果

硬くなった体を伸ばします
硬くなりやすい胸や腰、足をゆっくり伸ばしましょう。呼吸とともにしなやかな動きでおこないましょう。

ココに効く
胸、腰、足のリラックス

基本の動き

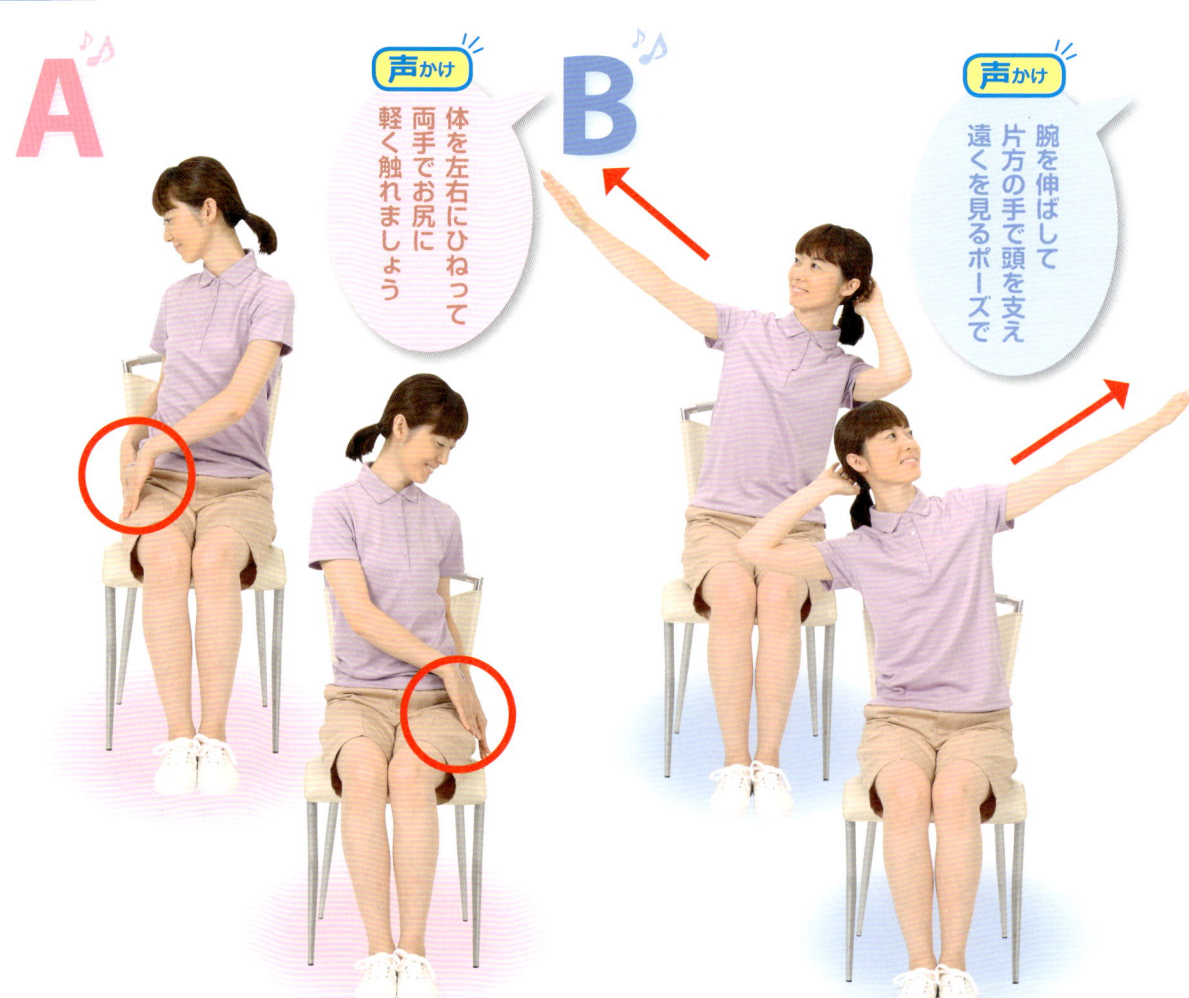

A

声かけ：体を左右にひねって両手でお尻に軽く触れましょう

両手で左右のお尻をタッチ
左右交互に2回ずつ両手で
お尻に優しく触れる

B

声かけ：腕を伸ばして片方の手で頭を支え遠くを見るポーズで

片方の腕を斜め上に伸ばす
最初は右方向へ、次は左方向へ
腕を斜めに伸ばして片方の手で頭を支える

❶番

| A あした浜辺を | B さまよえば | A 昔のことぞ | B しのばるる |
| C 風の音よ | 雲のさまよ | D 寄する波も | 貝の色も |

❷番

| A ゆうべ浜辺を | B もとおれば | A 昔の人ぞ | B しのばるる |
| C 寄する波よ | かえす波よ | D 月の色も | 星のかげも |

❹ 自然のうた ▼体をほぐす体操② ── 浜辺の歌

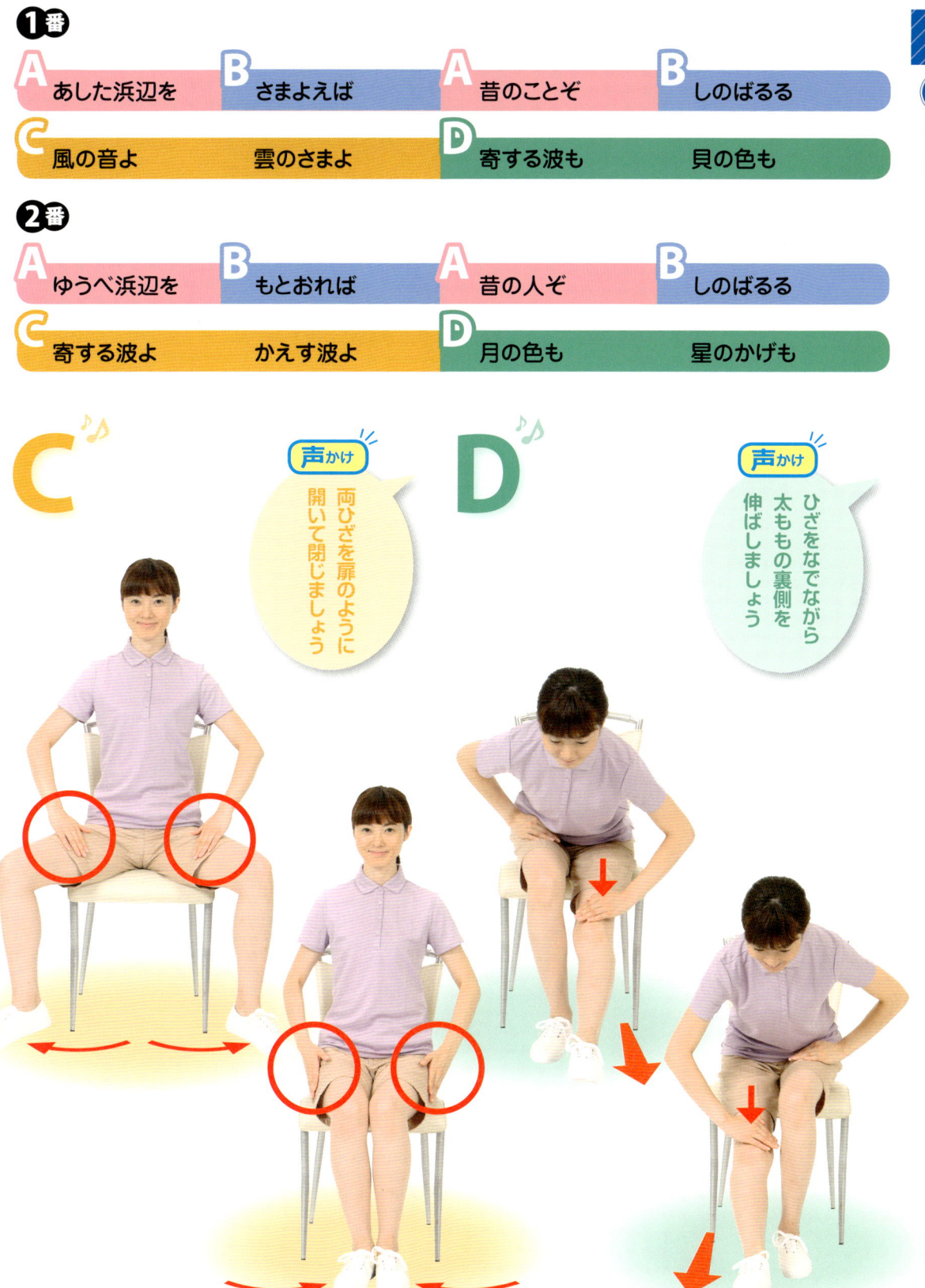

C ♪

声かけ：両ひざを扉のように開いて閉じましょう

D ♪

声かけ：ひざをなでながら太ももの裏側を伸ばしましょう

手で押しながら足を開いて閉じる
内ももを押しながら足を開き、太もも外側を押して足を閉じる動作を4回繰り返す

足を伸ばして太もも裏のストレッチ
左足から左右交互に2回ずつ前に伸ばしてひざをなでながら太ももの裏側をストレッチ

体の芯をつくる体操①

浜千鳥

作詞：鹿島鳴秋　作曲：弘田龍太郎

時間 約1分半　**運動量** ★★☆

DVD 4-❸　CD 27

体操の効果：腕の動きに負けない体幹をつくります
肩やひじ、手首をしなやかに動かして、腕の動きに負けない体幹の安定力を身につけます。

ココに効く 体幹の筋力アップ

基本の動き

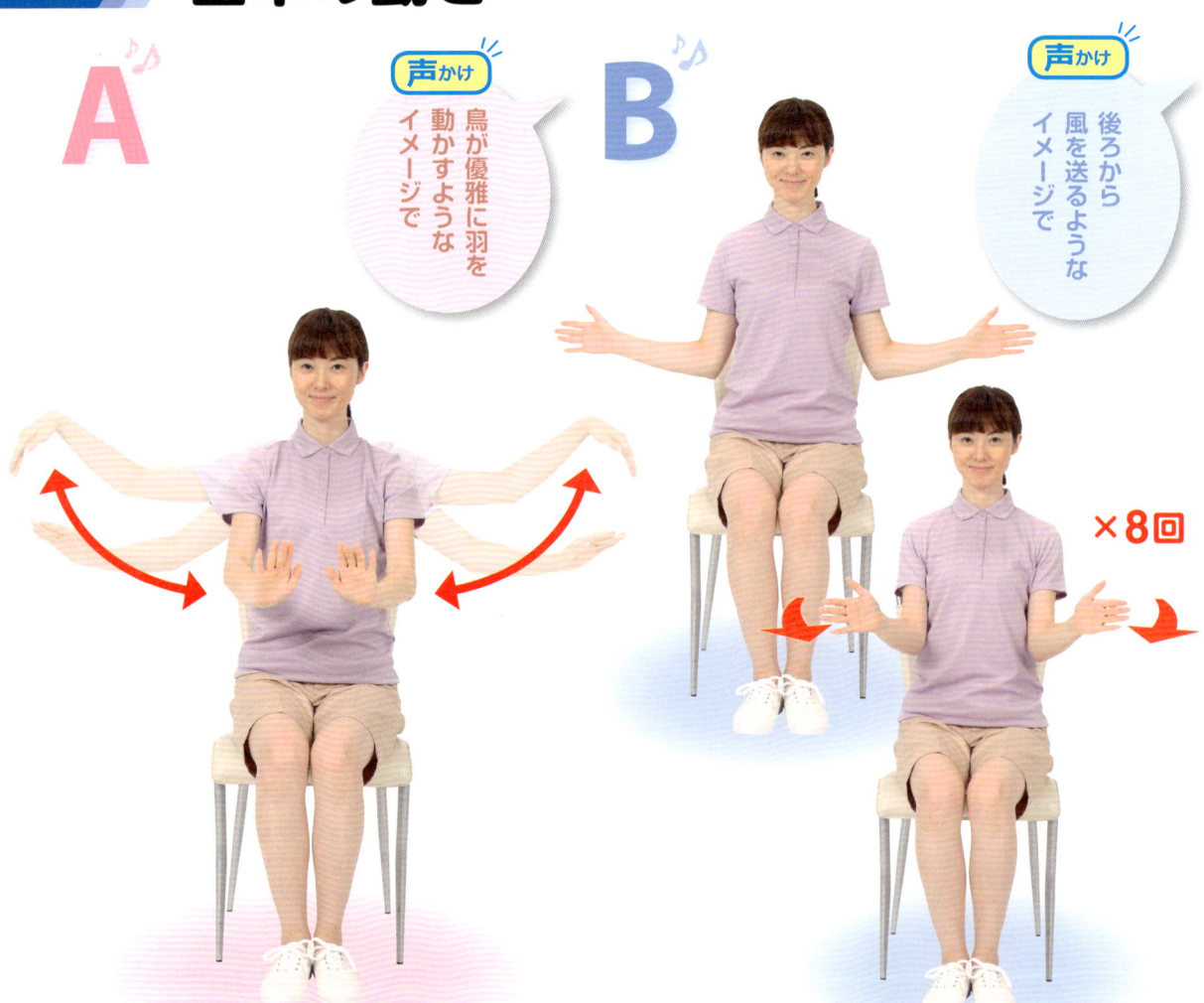

A
声かけ：鳥が優雅に羽を動かすようなイメージで

腕を上下させながら半円状に動かす
腕を上下させながら体の横から前、前から横と半円状に動かす

B
声かけ：後ろから風を送るようなイメージで

×8回

後ろから前に腕をなめらかに動かす
ひじを曲げて後ろから前に向かってなめらかにゆったりと腕を8回動かす

❶番

A 青い月夜の　　浜辺には
B 親を探して　　鳴く鳥が
C 波の国から　　生まれでる
D 濡れたつばさの　　銀の色

❷番

A 夜鳴く鳥の　　悲しさは
B 親をたずねて　　海こえて
C 月夜の国へ　　消えてゆく
D 銀のつばさの　　浜千鳥

❹ 自然のうた

▼体の芯をつくる体操① ― 浜千鳥

C ♪

声かけ：斜めに羽を見せるようなイメージで

D ♪

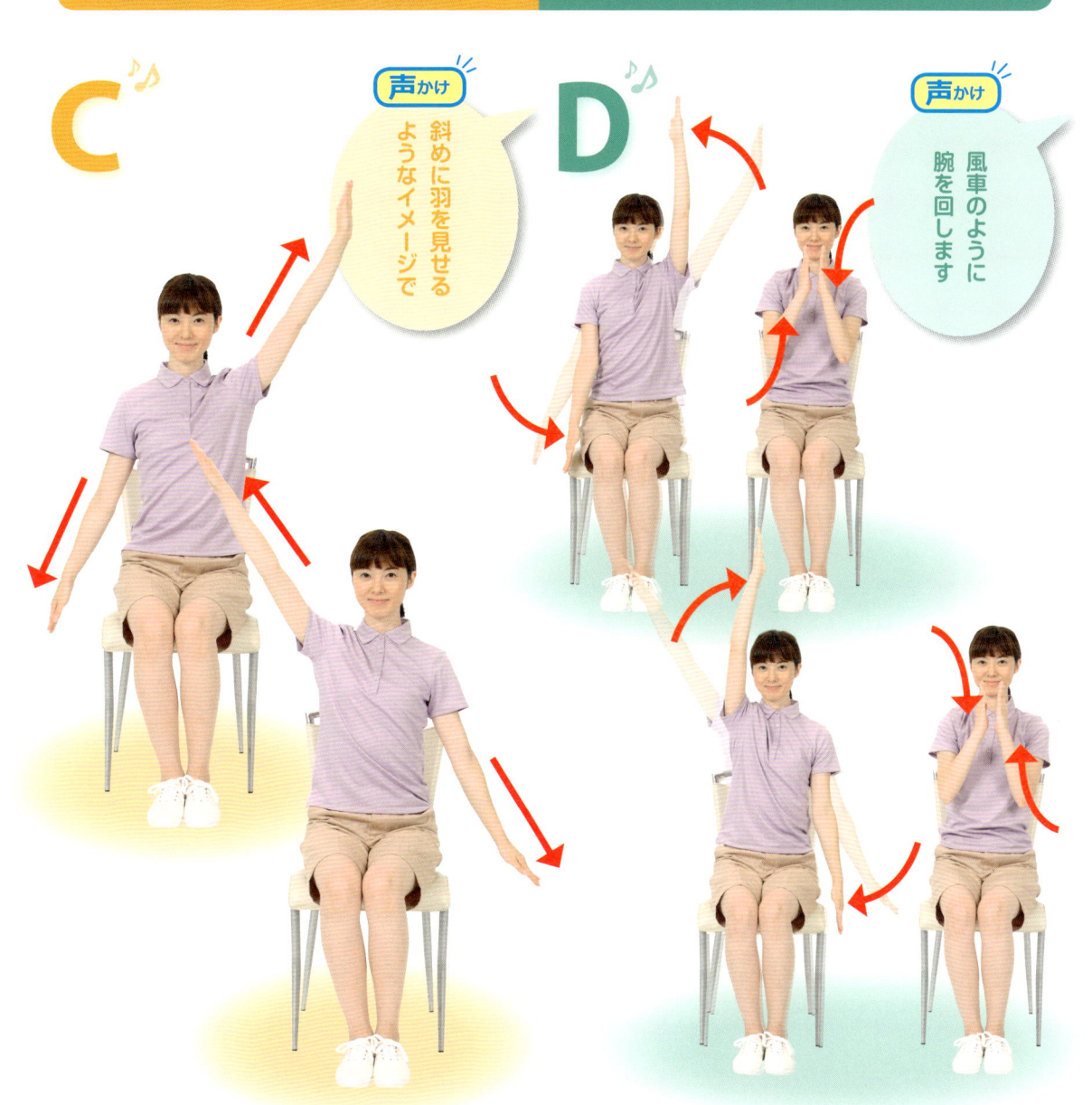

声かけ：風車のように腕を回します

腕を対角線上に伸ばす
左腕を上にしてからはじめて交互に4回入れ替えながら対角線に伸ばす

腕を回して顔の前でスライドさせる
腕をゆっくり回しながら顔の前で左右の手をスライドさせて逆回しに移行する

体の芯をつくる体操②

朧月夜
（おぼろづきよ）

作詞：高野辰之　作曲：岡野貞一

時間 約1分半
運動量 ★☆☆

DVD 4-④
CD ▶28

体操の効果
大きな動きで肩まわりをほぐします
肩や腕のダイナミックな動きで、肩甲骨まわりをほぐしましょう。空間を大きくとらえてのびやかに動かします。

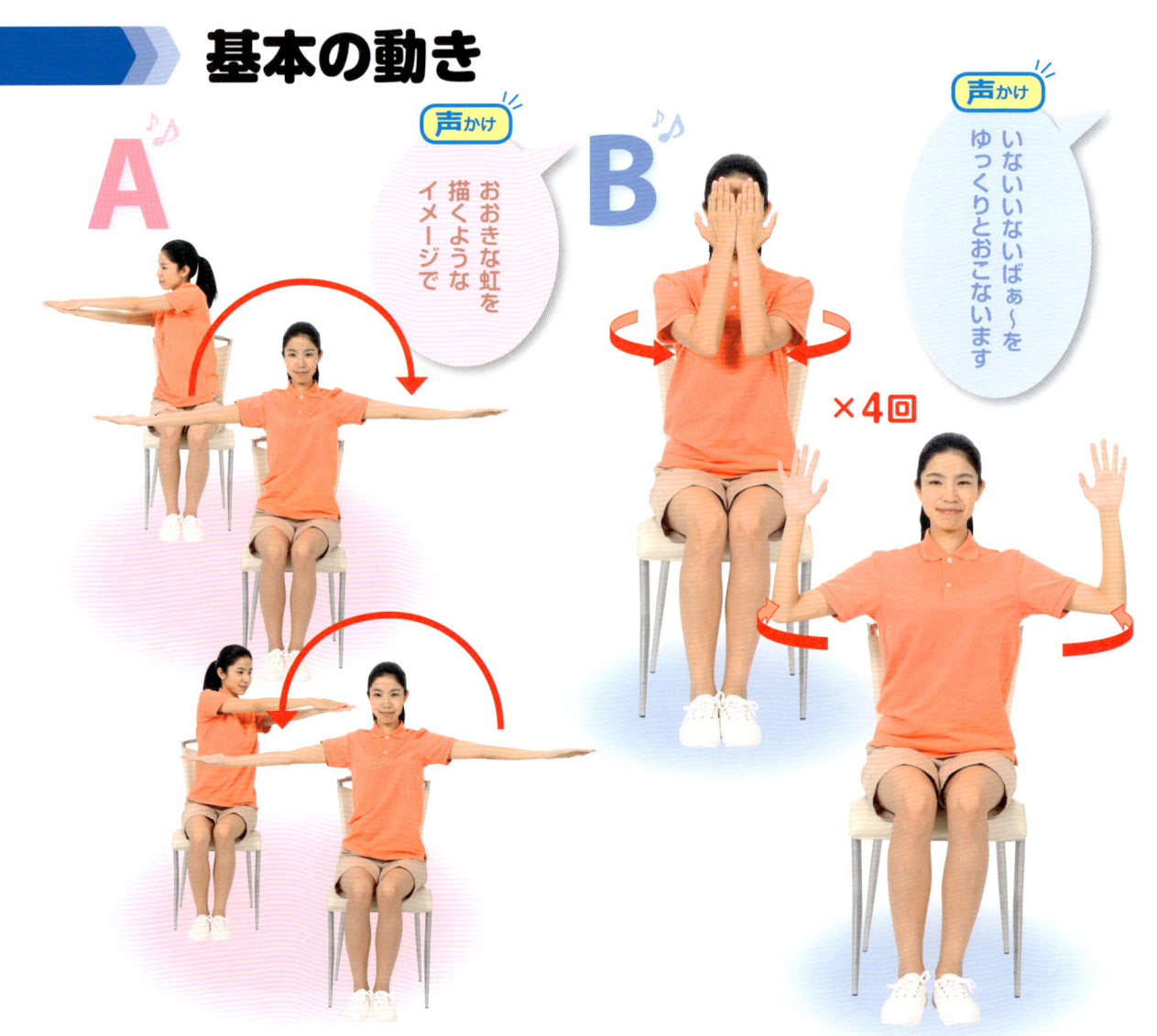

ココに効く
体幹の筋力アップ
肩のストレッチ

基本の動き

A
声かけ：おおきな虹を描くようなイメージで

腕を伸ばし半円状に回す
左腕から左右1回ずつ腕を伸ばして
もう片方の腕を半円状に動かす

B
声かけ：いないいないばぁ～をゆっくりとおこないます

×4回

ひじを曲げて腕を閉じて開く
ひじを曲げて両腕を閉じて
開く動作を4回繰り返す

❶番

A 菜の花畑に　　入日薄れ　　　**B** 見わたす山のは　　霞ふかし

C 春風そよ吹く　　空を見れば　**D** 夕月かかりて　　匂い淡し

❷番

A 里わのほ影も　　森の色も　　**B** 田中の小路を　　たどる人も

C かわずの鳴くねも　鐘の音も　**D** さながら霞める　朧月夜

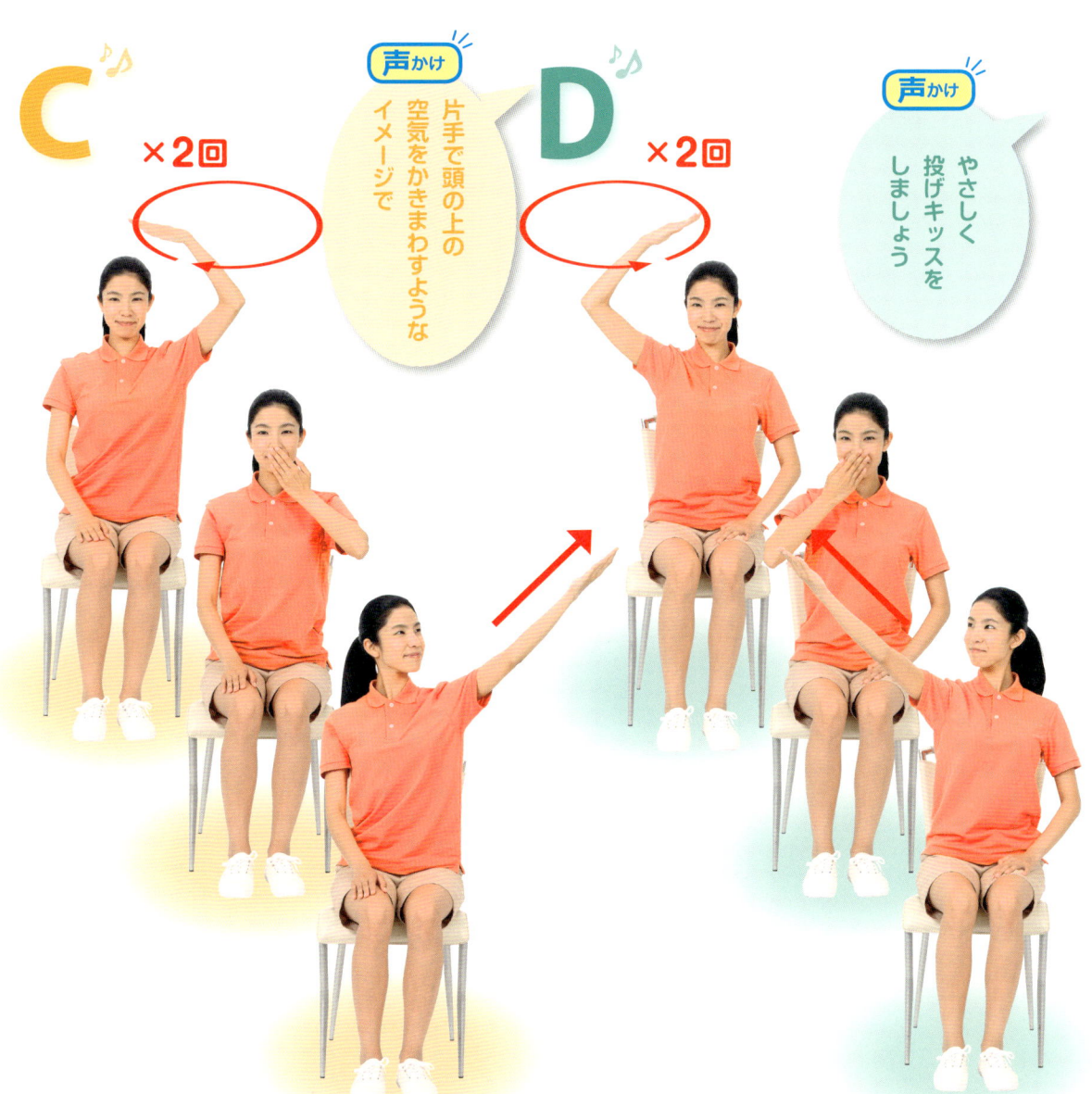

❹ 自然のうた　▼体の芯をつくる体操② ── 朧月夜

C ♪ ×2回

声かけ：片手で頭の上の空気をかきまわすようなイメージで

D ♪ ×2回

声かけ：やさしく投げキッスをしましょう

左腕を回して投げキッス
左腕を伸ばして2回頭の上で回したら
投げキッスをして斜め上に伸ばす

今度は右腕を回して投げキッス
先ほどとは逆に右腕を伸ばして
2回頭の上で回したら投げキッス

体の芯をつくる体操③

早春賦(そうしゅんふ)

作詞：吉丸一昌　作曲：中田 章

時間 約2分半　**運動量** ★★★

DVD ▶4-❺　CD ▶29

使うもの：タオル

体操の効果

体幹を安定させながらタオルを動かします
タオルを挟んだり回したりしながら体幹部をしっかり安定させましょう。特に内ももからお腹にかけて、しっかり力を入れましょう。

ココに効く
体幹の筋力アップ
内もものシェイプ

▶ 基本の動き

声かけ：内ももをギュッと引き締め下腹にも力を入れます

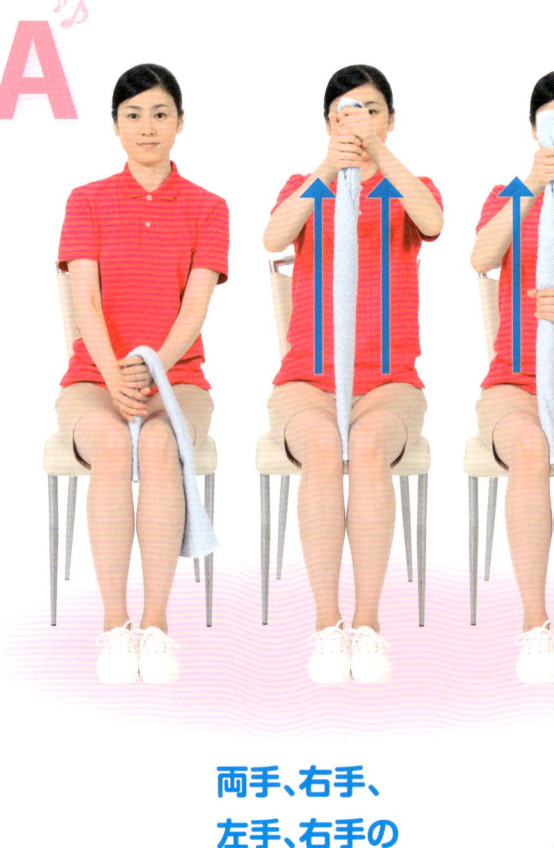

A♪

両手、右手、左手、右手の順で上げる

内ももで挟んだタオルを手で上げる
最初に両手で上げてから
右、左、右の順でタオルを上げる

1番

| A 春は名のみの　　風の寒さや | B 谷のうぐいす　　歌は思えど |
| C 時にあらずと　　声も立てず | D 時にあらずと　　声も立てず |

④ 自然のうた ▼体の芯をつくる体操③ ── 早春賦

B ♪

声かけ：タオルをメトロノームの針のように左右に動かしましょう

4往復

タオルを左右に振る
内ももで挟んだタオルの上端を持ち
左から4往復左右に振る

C ♪

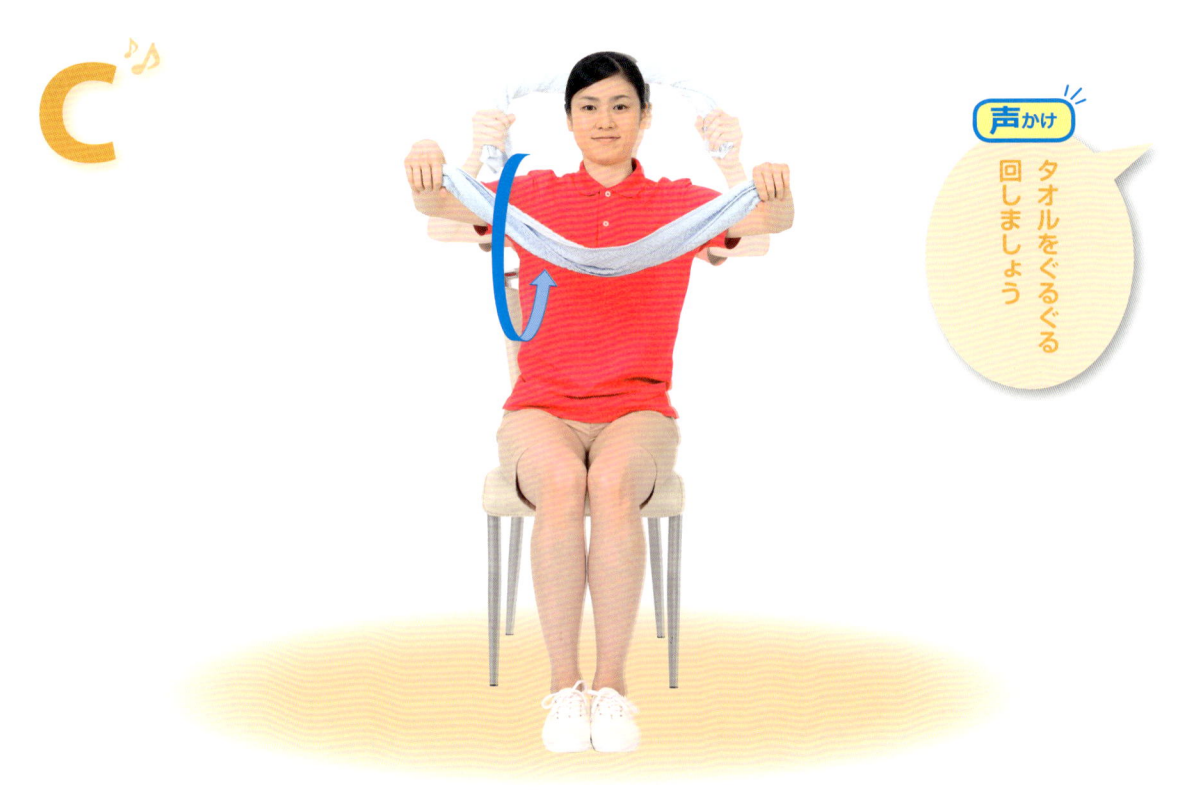

タオルの両端を持ち体の前で回す
タオルの両端を持って手前から
外に向かってぐるぐる回す

声かけ：タオルをぐるぐる回しましょう

D ♪

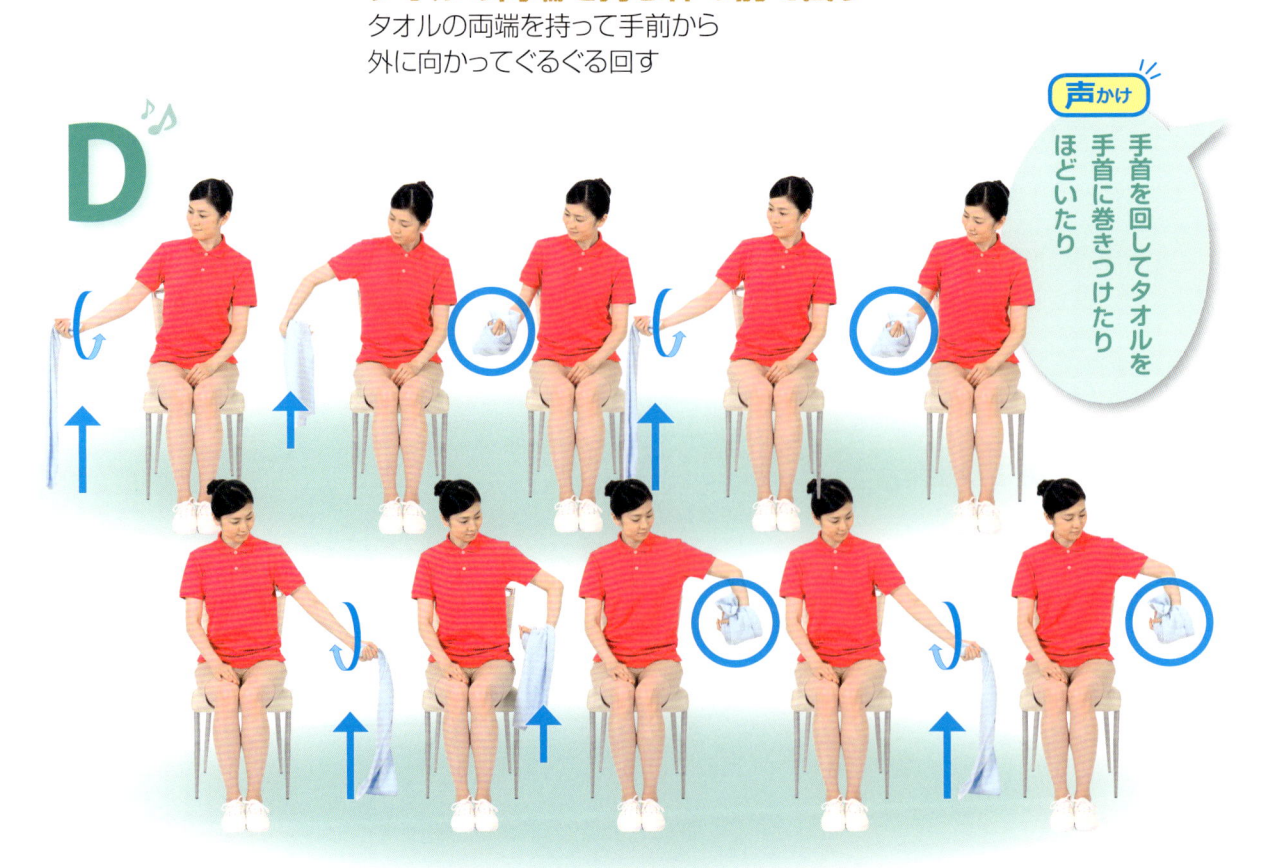

手首を曲げてタオルを巻き取る
タオルを巻き取り、ほどき、巻き取る動作を
1番では右手、2番は左手、3番では右手でおこなう

声かけ：手首を回してタオルを手首に巻きつけたりほどいたり

ひと目でわかる！「早春賦」体操の流れ

④ 自然のうた　▼体の芯をつくる体操③ ── 早春賦

A

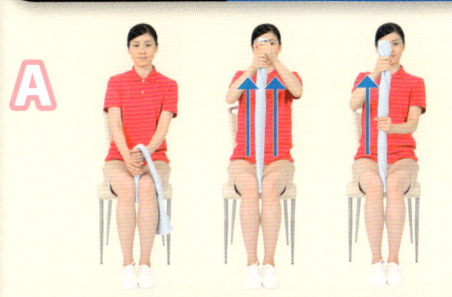

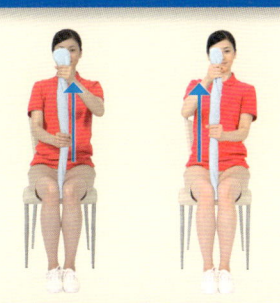

- ❶番　春は名のみの　　風の寒さや
- ❷番　氷解け去り　　　葦（あし）は角ぐむ
- ❸番　春と聞かねば　　知らでありしを

B

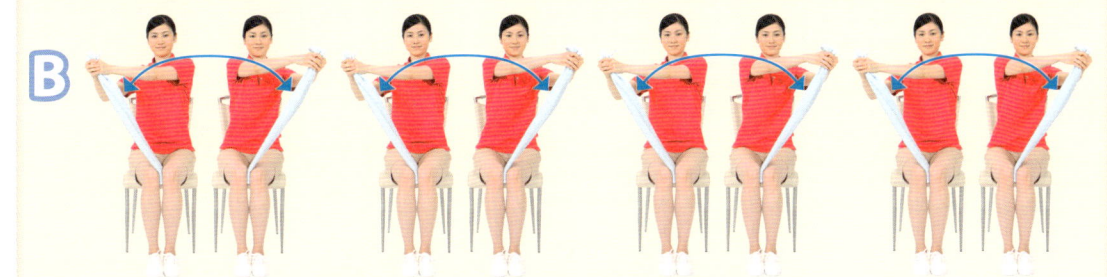

- ❶番　谷のうぐいす　　歌は思えど
- ❷番　さては時ぞと　　思うあやにく
- ❸番　聞けばせがるる　胸の思いを

C

- ❶番　時にあらずと　　声も立てず
- ❷番　今日もきのうも　雪の空
- ❸番　いかにせよとの　この頃か

D

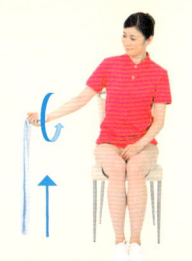

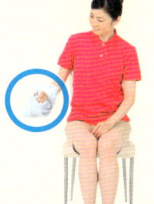

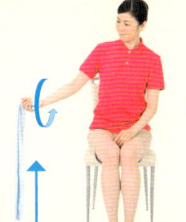

※ 2番は左手、3番は右手でおこなう

- ❶番　時にあらずと　　声も立てず
- ❷番　今日もきのうも　雪の空
- ❸番　いかにせよとの　この頃か

体をスムーズに動かす体操①

時間 約1分半　**運動量** ★★☆

七つの子

作詞：野口雨情　作曲：本居長世

DVD 4-6　CD 30

体操の効果

両腕をバランスよく動かしましょう
指先まで意識を向けてしなやかに動かしましょう。また左右の腕のバランスを考えながらおこないましょう。

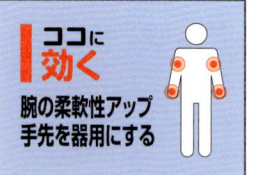

ココに効く
腕の柔軟性アップ
手先を器用にする

基本の動き

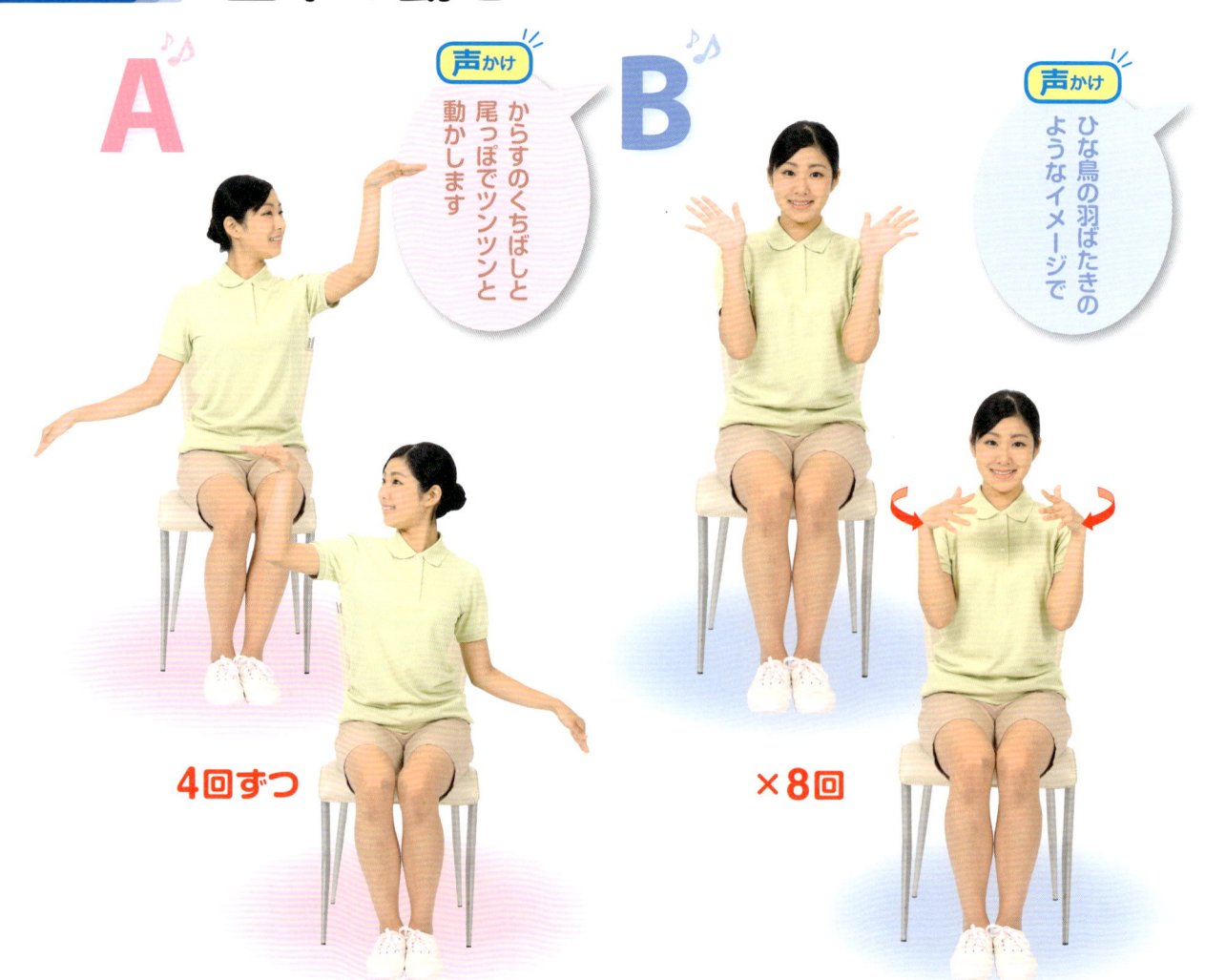

A
声かけ：からすのくちばしと尾っぽでツンツンと動かします

4回ずつ

両手でくちばしと尾っぽのポーズ
左からはじめて左右4回ずつ
くちばしと尾っぽのように動かす

B
声かけ：ひな鳥の羽ばたきのようなイメージで

×8回

ひじを体につけたまま手首を曲げる
体の芯を意識してひじを体につけたまま手首を8回曲げる

| A | からすなぜ啼くの　からすは山に | B | 可愛い七つの　　　　子があるからよ |

| C | 可愛い　　　　　可愛いと　　　　　からすは啼くの |

| C | 可愛い　　　　　可愛いと　　　　　啼くんだよ |

| D | 山の古巣に　　　いって見て御覧　　丸い眼をした　　　いい子だよ |

4 自然のうた ― 体をスムーズに動かす体操① ― 七つの子

C ♪

声かけ: ひな鳥たちの巣をイメージしましょう

D ♪

声かけ: 山をイメージして大きな三角形をつくりましょう

×4回

6箇所で親指、小指を合わせる
頭の上の左右、左右の肩、左右の腰の順で
親指と小指を合わせて最後は左右の肩で終わる

両腕を大きく動かし三角形を描く
両手を大きくなめらかに動かして
大きな三角形を4回つくる

体をスムーズに動かす体操②

時間 約2分　運動量 ★★★

星の界(よ)

作詞：杉谷代水　作曲：コンヴァース

DVD 4-7　CD 31

使うもの：タオル

体操の効果
一つひとつの動作を滑らかにおこないます
姿勢を安定させてからタオル前後左右に動かします。一つひとつの動きのつながりが滑らかになるように意識しましょう。

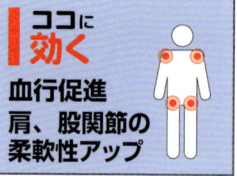

ココに効く
血行促進
肩、股関節の柔軟性アップ

基本の動き

A
ここからスタート
タオルを丸めておく

声かけ：頭の後ろで髪の毛を束ねるようにパス

❶❺ ❸❼ ❷❻ ❹❽

丸めたタオルを顔の前後に移す
前から後ろ、後ろから前へと片手で丸めたタオルを移してもう片方の手で受け取る

B
声かけ：ボールを足の下でくぐらせましょう

交互に2回ずつ

太ももの下から交互に通す
右足から左右交互に2回ずつ太ももの下からタオルを通す

❹ 自然のうた ― 体をスムーズに動かす体操② ― 星の界

①番
- **A** 月なきみ空に　きらめく光
- **B** 嗚呼その星影　希望のすがた
- **C** 人智は果てなし　無窮(むきゅう)のおちに
- **D** いざ其の星影　きわめも行かん

②番
- **A** 雲なきみ空に　横とう光
- **B** 嗚呼洋々たる　銀河の流れ
- **C** 仰ぎて眺むる　万里のあなた
- **D** いざさおさせよや　きゅうりの船に

C ♪♪

声かけ：背中の後ろでタオルを隠すようにパス

❶❺　❸❼
❹❽　❷❻

D ♪♪

声かけ：足を持ち上げてどっこいしょ

交互に2回ずつ

丸めたタオルを体の前後に移す
胸から背中、背中から胸へと片手で丸めたタオルを移してもう片方の手で受け取る

足を上げて太ももの下から交互に通す
右足から足を上げて左右交互に
2回ずつ太ももの下からタオルを通す

体をスムーズに動かす体操③

牧場の朝

時間 約2分半
運動量 ★★★

DVD 4-8
CD 32

作曲：船橋栄吉　文部省唱歌

体操の効果

のびのびと体を大きく動かします
手と足の動きを組み合わせた全身運動です。できるだけ体を大きく、のびのびと動かしましょう。

ココに効く
血行促進
全身の筋力アップ

基本の動き

A♪

声かけ：平泳ぎのように腕をスイスイと動かします

交互に2回ずつ

両手と片足で円を描く
左足から左右交互に2回ずつ床に円を描きながら両手も水平に回す

① 番

A ただ一面に　　　立ちこめた　　**B** 牧場の朝の　　　霧の海

C ポプラ並木の　　うっすりと　　　　黒い底から　　　勇ましく

D 鐘が鳴る鳴る　　かんかんと

④ 自然のうた

▼体をスムーズに動かす体操③ ── 牧場の朝

B ♪

声かけ：足を扉のように開いたり閉じたり

4往復

足と手で開閉動作を逆にしておこなう
足を開いてクロスした手をひざに置いたら
足を閉じてひざに手を置く動作を4回繰り返す

C ♪

声かけ
木がしなやかに揺れるようなイメージで

2回ずつ

腕をしなやかに上げる
左腕から2回ずつ左右交互に下からしなやかに上げる

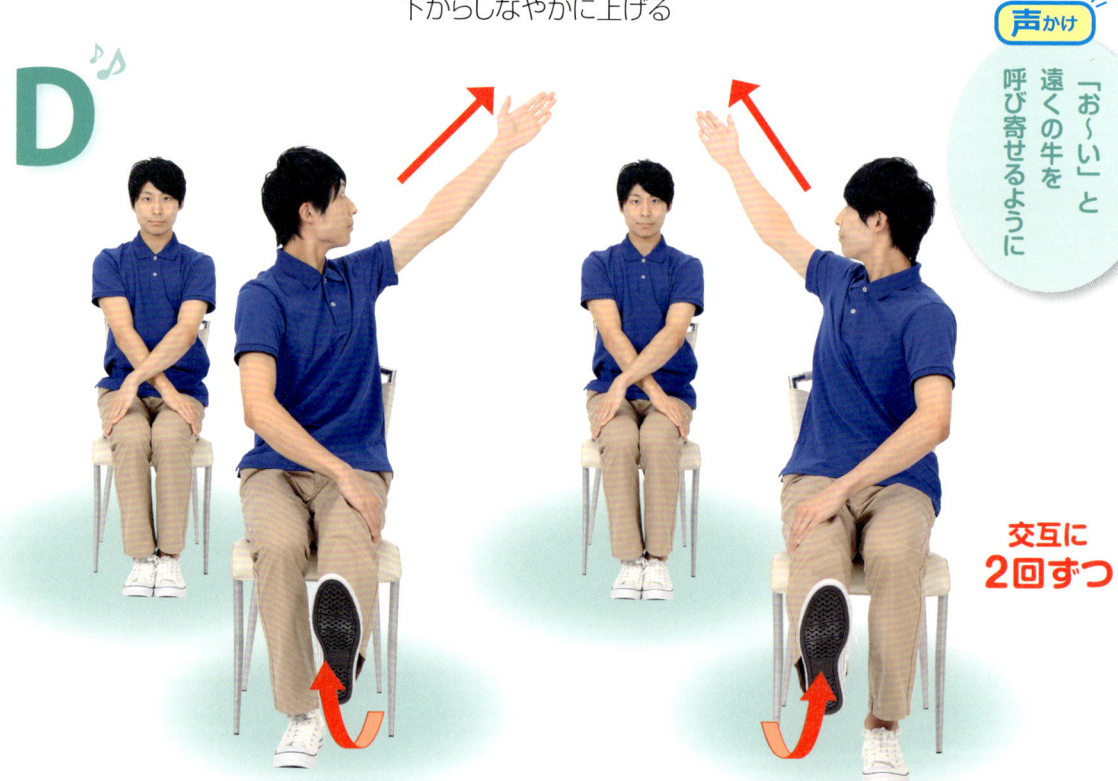

D ♪

声かけ
「お〜い」と遠くの牛を呼び寄せるように

交互に2回ずつ

腕は斜め後ろに足は前に伸ばす
左から左右交互に2回ずつ
腕は斜め後ろに足はまっすぐ前に伸ばす

ひと目でわかる！「牧場の朝」体操の流れ

A 交互に2回ずつ **B** 4往復

❶番	ただ一面に	立ちこめた	牧場の朝の　霧の海
❷番	もう起き出した	小舎小舎の	あたりに高い　人の声
❸番	今さし昇る	日の影に	夢からさめた　森や山

C

❶番	ポプラ並木の	うっすりと	黒い底から　勇ましく
❷番	霧に包まれ	あちこちに	動く羊の　幾群の
❸番	あかい光に	染められた	遠い野ずえに　牧童の

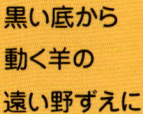

D

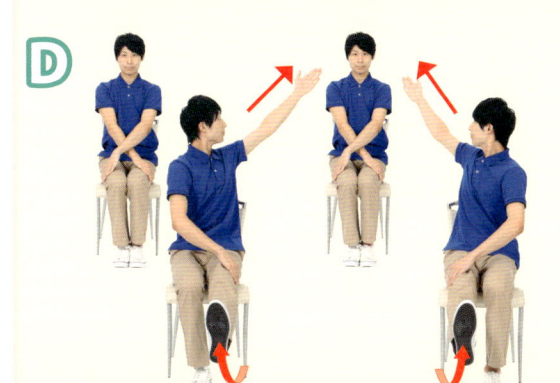

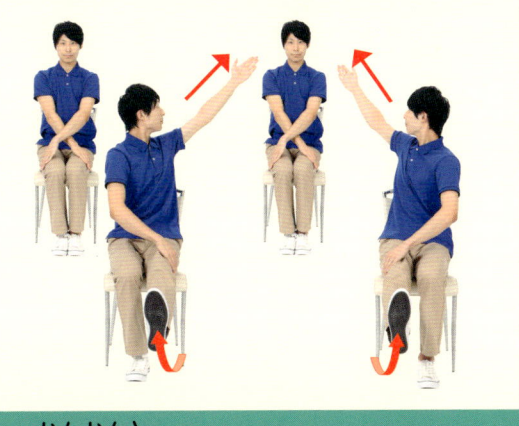

❶番	鐘が鳴る鳴る	かんかんと
❷番	鈴が鳴る鳴る	りんりんと
❸番	笛が鳴る鳴る	ぴいぴいと

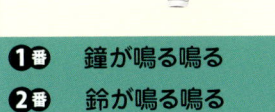

④ 自然のうた　▼体をスムーズに動かす体操③ —— 牧場の朝

127

● 監修者紹介　　尾陰 由美子

[おかげ ゆみこ]
有限会社アクトスペース企画代表取締役。NPO法人いきいき・のびのび健康づくり協会会長。関西大学非常勤講師。公益社団法人日本エアロビックフィットネス協会理事。多くのフィットネスクラブのアドバイザーを務めながら、30年に渡り腰痛や膝痛などクライアントのさまざまな機能障害に付き合い運動を指導。またドイツやイタリアなどヨーロッパで学んだ運動療法を元に「機能改善体操」を開発し、全国の介護施設の指導者研修やフィットネスクラブでも指導している。

- ● モデル ─── 清野優美（アイル）　朱里（モデルオフィス）　竹内政紘（メインキャスト）
  渡部純平（ソサエティ オブ スタイル）　和（ソサエティ オブ スタイル）　土倉亜純
- ● 撮影 ─── 清野泰弘
- ● 音源制作 ─── 松嶋周二（ヴォーカル）　青木真由子（ヴォーカル）　忠平隆（ピアノ）
- ● CD制作 ─── 三研メディアプロダクト株式会社
- ● DVD制作 ─── 株式会社ZON
- ● デザイン ─── 三國創市（株式会社多聞堂）
- ● 編集・執筆協力 ─── 上野茂（株式会社多聞堂）

DVD&CD2枚付き　思い出のうたで
高齢者イキイキ体操32曲　オールカラー

- ● 監修者 ─── 尾陰 由美子
- ● 発行者 ─── 若松 和紀
- ● 発行所 ─── 株式会社西東社
  〒113-0034 東京都文京区湯島2-3-13
  電話　03-5800-3120（代）
  URL：https://www.seitosha.co.jp/

本書の内容の一部あるいは全部を無断でコピー、データファイル化することは、法律で認められた場合をのぞき、著作者及び出版社の権利を侵害することになります。
第三者による電子データ化、電子書籍化はいかなる場合も認められておりません。
落丁・乱丁本は、小社「営業」宛にご送付ください。送料小社負担にて、お取替えいたします。
日本音楽著作権協会（出）許諾第1415960-309号
ISBN978-4-7916-2266-5